팔리는
집은
따로 있다

팔리는 집은 따로 있다

경매수익률보다 높은
매매주택연출의 비밀!

이종민 이창배 천은정 전정미 지음

라의눈

서문

우연히 들른 식당에서 맛없는 음식을 먹었다고 해서 내 삶이 달라지지는 않는다. 다음에 다른 식당에서 맛있는 음식을 먹으면 그뿐이다. 의류매장 쇼윈도에 근사하게 디스플레이 된 모습에 반해 옷을 구매한 후 막상 집에서 입어보니 나에게 안 어울린다 해도 괜찮다. 환불하든지, 안 어울려도 당분간만 입고 다니면 그만이다. 하지만 집은 다르다. 내 전 재산이 걸린 문제가 될 수도 있다. 최근 통계에 의하면 우리나라 가계 재산 중 부동산의 비중이 80%에 육박한다고 한다. 세계 최고 수준이다. 이쯤 되면 우리 집을 사고피는 문제는 나와 가족의 인생이 달린 문제다.

"아버지의 실직으로 생계를 위해 급하게 집을 내놓았다."
"사업부도로 경매로 넘어가게 생긴 우리 집을 빨리 팔아야 한다."
"이혼 후 재산분배 문제로 집을 빨리 처분해야 한다."
"멀리 타지방으로 직장을 옮겨야 해서 살던 집을 팔고 다시 집을 매입해야 한다."

"주택에 투자한 부동산 자금을 빨리 회수해야 한다."
"더 좋은 집으로 이사 가려고 하는데, 우리 집이 몇 개월 째 팔리지 않는다."

살아가다보면 이런 일들을 한 번씩은 겪게 될지도 모른다. 상황이 어찌되었든, 집을 빨리 처분해야 한다. 그런데 조급해지는 마음과는 달리 집은 잘 처분되지 않는다. 부동산 경기가 안 좋을수록 이런 일들은 더욱 빈번하게 발생한다. 최근 우리나라 부동산 경기가 매우 좋지 않다. 정부에서 부양책을 내놓기는 하지만, 떨어지는 주택가격을 잡기에는 역부족이다. 바로 이럴 때 '매매주택연출'이 큰 도움이 될 수 있다. 매매주택연출은 북미에서는 이미 널리 알려져 있는 '홈스테이징'의 우리나라 식 표현이다. 매매주택연출은 잘 팔리지 않는 주택을 더 빨리, 더 좋은 가격에 매도하기 위한 전략이다.

나는 제법 오랜 시간 동안 단독주택의 '매입-설계-시공-매도'에 관한 일을 해왔고, 그와 관련된 책도 펴내고, 강연도 하며 많은 이들을 만나

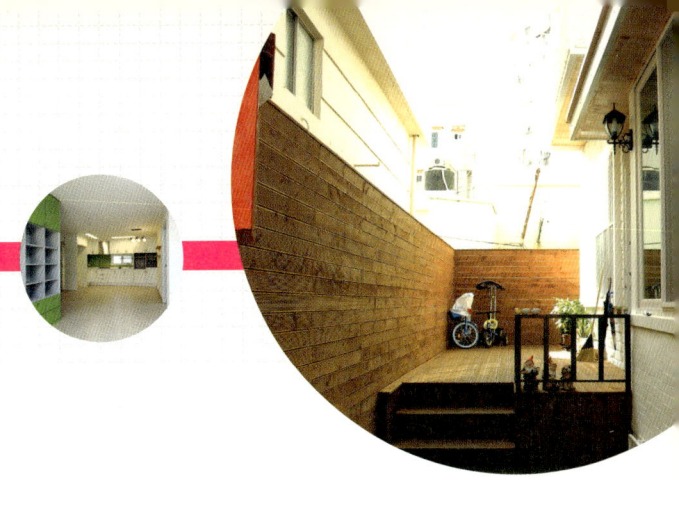

왔다. 대부분의 건축주들은 자신의 집을 가지는 것이 평생에 한 번, 또는 두 번 정도 있는 일이었다. 자신의 집을 구입한다는, 인생에서 가장 행복한 순간의 사람들을 만나는 일은 내게도 너무나 즐거운 일이다. 그렇지만 시간이 흘러 자신과 가족이 행복하게 생활했던 집을 팔아야 하는 시점을 결국 만나게 된다. 물론 잘 팔리면 무슨 문제가 되겠는가.

문제는 집을 뜻대로 매도하지 못해 어려움을 겪는 이들이 많다는 점이다. "그렇다면 주변시세보다 가격을 낮추면 되지!"라고 반문하는 이들이 있을지 모르겠다. 그러니 그렇게 쉽게 단정 지을 수 있는 문제가 아니다. 사람마다 외모와 성격이 다르듯, 많은 상황들이 여기에 복합적으로 얽혀 있는 경우가 많기 때문이다.

집이 팔릴 때까지 마냥 기다릴 수만은 없다! 방법을 모색해야 한다. 여기에 한 인테리어회사 식구들이 뭉쳤다. 주택컨설턴트, 공인중개사, 건축가, 실내건축디자이너가 머리를 맞대고 매매주택연출 기법을 이 한 권에 담았다. 먼저 출간한 저서에서 이 분야에 대해 잠시 소개하기는 했지만, 매매주택연출이라는 분야에 관해서만 본격적으로 이야

기하는 책은 국내에서는 처음이라 부족한 부분이 있을 수 있다. 그러나 그동안의 노하우와 북미에서 출간한 홈스테이징 관련 도서를 찾아 읽으며 집필에 도움을 구했다.

매매주택연출이라는 일을 하면서 느낀 점은 주택을 원하는 가격에, 그리고 다른 집들보다 더 빨리 매도하기 위해서는 먼저 좋은 주택을 잘 매입해야 한다는 것을 수없이 깨닫는다. 그래서 이 책 후반부에는 좋은 주택을 고르는 방법들도 소개했다. 매도를 하기 위해서는 더 높은 가격을 받아야 하겠지만, 매입을 하기 위해서는 좋은 집을, 더 낮은 가격에 구매해야 한다. 이 이중적인 상황을 수없이 겪었지만 결국 클라이언트 편에 설 수밖에 없는 것이 우리들의 숙명이다.

부동산 + 인테리어 = 매매주택연출

엄밀히 말하면 매매주택연출은 집을 잘 팔기 위해 연출하는 일이기 때문에 부동산 업무에 좀 더 가까울지 모르겠다.

이 책이 당장 자신의 집을 팔아야 하는 사람들뿐만 아니라, 현업에 종사하는 공인중개사, 건축·인테리어디자이너, 부동산투자자 등 관련 업계 종사자들에게도 도움이 될 거라 믿는다.

2015년 봄
이종민 드림

차례

서문 • 5

PART 1 매매주택연출이란?

01_ 매매주택연출은 기존의 생각을 뒤집는 일이다 • 17
02_ 매매주택연출은 탈개인화이다 • 20
03_ 매매주택연출은 집을 상품화하는 것이다 • 23
04_ 매매주택연출은 구매자의 감성을 사로잡는 일이다 • 25
05_ 매매주택연출은 구매자의 시선이다 • 27
06_ 매매주택연출은 경제학이다 • 30

PART 2 성공하는 매매주택연출을 위한 전략

01_ 집을 내놓기 전에 미리 짐을 싸두어야 한다 • 35
02_ 매매주택연출은 청소가 제일 중요하다 • 37
03_ 냄새나는 집은 절대 안 팔린다 • 39
04_ 커튼과 침대시트를 세탁하고 유리를 교체하자 • 41
05_ 잡동사니는 에너지를 분산시킨다. 잡동사니를 없애자 • 44
06_ 지나치게 많은 가구는 집을 좁아 보이게 만든다 • 50
07_ 재배치만으로 쓸모없는 가구를 재탄생시킨다 • 52
08_ 벽을 연출하자 • 54
09_ 컬러를 바꾸는 작업이 가장 효율적이다 • 56
10_ 개성적인 스타일보다 대중적인 스타일이 좋다 • 60
11_ 매매주택연출은 기능이 아니라, 미를 위한 인테리어다 • 65

PART 3 감성을 자극하는 연출

01_ 조명 연출 • 69
02_ 커튼과 유리 연출 • 70
03_ 음악 연출 • 72
04_ 화장실 변기 뚜껑은 항상 닫아 둔다 • 74
05_ 휴지통을 숨겨 놓는다 • 75
06_ 식물과 꽃 연출 • 76
07_ 잠재 구매자에게 시간을 주자 • 77

PART 4 외부 매매주택연출 전략

01_ 외부공간 매매주택연출 • 81
02_ 매매주택연출 된 주택의 매매 • 83
03_ 주택 외부 매매주택연출 공식 • 88
04_ 주택 외부 매매주택연출 점검사항 • 93

PART 5 내부 매매주택연출 전략

01_ 내부공간 매매주택연출 • 111
02_ 내부 매매주택연출 확인사항 • 128

PART 6 공간별 체크목록 작성과 실천

01_ 매매주택연출을 위한 십계명과 공간별 체크목록 작성 • 133
02_ 결단 • 138
03_ 완료일 • 139
04_ 타협 • 141
05_ 창의성 • 142

PART 7 매매주택연출 보고서 작성 및 프로세스

01_ 매매주택연출 보고서 · 147
02_ 매매주택연출 프로세스 · 151

PART 8 내가 직접 할 수 있는 우리 집 수리

01_ 매매주택연출가의 시각 · 155
02_ 내가 직접 할 수 있는 공사 · 156
03_ 컬러가 인테리어를 좌우한다 · 174

PART 9 주택 유형별 구매자 선택 포인트

01_ 단독주택의 선택 포인트 · 181
02_ 신축보다 비용 더 드는 리모델링을 하지 않기 위해 미리 확인해야 할 사항들 · 188
03_ 리모델링을 목적으로 할 때 절대 선택해서는 안 되는 구옥의 유형 · 194
04_ 아파트와 빌라의 선택사항 · 198

PART 10 구조변경을 하면 왜 공사비가 크게 상승할까?

01_ 철거와 구조변경 · 209
02_ 구조보강과 구조변경 · 212
03_ 상하수도 설비공사와 구조변경 · 214
04_ 난방공사와 구조변경 · 216
05_ 전기공사와 구조변경 · 219

PART 11 꼭 알고 있어야 할 부동산과 건축의 법규 및 용어

01_ 리모델링 · 225
02_ 건축 허가와 신고 · 228
03_ 건폐율과 용적률 · 231
04_ 건축물의 용도 · 237
05_ 용도 지역 · 243

PART 12 매매주택연출의 최유효 이용

01_ 건축을 위한 기본 검토 · 249
02_ 공사종류별 선택 포인트 · 251
03_ 공사종류별 평당 견적 · 257
04_ 주택개선 투자대비 수익률 · 258

PART 13 단독주택의 시대가 다가오고 있다

01_ 아파트의 전세가격 상승 · 263
02_ 아파트와 단독주택의 평균매매가와 전세가격 비교 · 264
03_ 아파트와 단독주택의 최대 가격상승폭과 매매가격 · 265
04_ 단독주택의 매매가격 상승 · 267

감사의 글 · 270

매매주택연출이란?

매매주택연출은 기존의 안 팔리는 집을 더 빨리, 더 좋은 가격에 매매하기 위한 전략을 말한다. 청소, 잡동사니 정리, 간단한 수리와 연출을 통하여 우리 집의 숨은 매력을 드러내고, 잠재적인 고객에게 매력적으로 보이도록 만드는 가시적인 일이다. 매매주택연출은 '인테리어+부동산'의 복합적인 활동이지만, 기본적으로는 부동산의 한 영역이다. 북미에서는 '홈스테이징'이라는 이름으로 많이 알려져 있지만, 2014년 정부의 신 직업 44개 가운데 하나로 선정되었으며, '매매주택연출'이라는 이름으로 부르게 되었다. 직업적으로 북미에서는 '홈스테이셔'라는 이름으로 활동하고 있고, 우리나라에서는 '매매주택연출가'라는 이름으로 활동하게 될 것이다.
이제 매매주택연출이 무엇인지 구체적으로 살펴보자.

01

매매주택연출은
기존의 생각을 뒤집는 일이다

부동산에 집을 내놓기 전에 먼저 생각해 보자. 당신은 정말 집을 팔기 원하는가? 그렇다면 당신은 이제 집을 '상품'으로 생각해야 한다. 이제껏 살던 집을 팔고 새 집으로 옮긴다는 마음을 가져야 한다. 당신의 집은 추억으로 가득 차 있어 그 어떤 것도 남겨두고 떠나고 싶지 않을 것이다. 그러나 추억만 가져간다고 생각하자.

집을 최고의 가격에 팔고자 한다면 그 집은 당연히 매력적이어야 한다. 유명 브랜드의 로드샵에 걸려 있는 의류처럼 말이다. 다른 상품과 마찬가지로 집도 옆에 있는 다른 제품보다 더 돋보여야 '손님'을 끌 수 있다.

이 점에서 매매주택연출이 매우 중요하다. 나는 당신이 집을 현재 그대로가 아닌, 최고의 상태로 시장에 내놓기를 제안한다. 당신의 집 벽에 이것저것 너저분하게 붙어있는 스티커와 사진들, 낡은 벽지, 고장이 나서 방치되어 있는 가전제품이 있는데, 집이 잘 팔릴 것이라고 기대할 수 있을까? 심지어 타던 차를 중고차시장에 팔 때도 세차를 하고 광택을 낸다.

많은 사람들이 주택이 차보다 10배 이상의 가치가 있음에도 불구하고 집을 팔 때보다 중고차를 팔 때 더 공을 들인다. 중고차 중개인이 차를 받아서 다시 시장에 내놓기 전에 어떤 일을 하는지 본적이 있는가? 그들은 세차를 하고, 광택을 내고, 내부 청소를 하고, 차에 굴러다니는 쓸 데 없는 물건을 죄다 치워버리고 난 뒤에야 매매가를 높인다.

당신의 최고의 자산 가치는 어디에 있는가? 차인가, 주택인가? 대부분의 사람들에게는 당연히 주택일 것이다. 한국사회에서 집은 큰 의미를 갖는다. 우리는 집을 삶의 안정과 행복을 가져다주는 보금자리로 인식하기 때문이다.

그렇지만 매매주택연출의 효과, 기법 및 요령에 대해 아는 사람은 아직까지 한국사회에서 매우 드물다. 대부분의 사람들은 살던 그대로의 상태로 집을 부동산 시장에 내놓는다. 이 책에서는 매매주택연출의 방법을 알려 줄 것이다. 집을 '연출'함으로써 당신은 시장의 다른 경쟁자들을 앞서게 될 것이다. 잠재 구매자가 집을 보러 왔을 때, 주위를 어지럽힐 수 있는 모든 것을 없애야 한다. 당신은 집을 파는 것이지, 집 안의 물건을 파는 것이 아니다. 이것은 매매주택연출, 다시 말해 '홈 스테이징'의 가장 중요한 핵심이다.

대체로 우리는 이사 갈 집에 대한 고민들을 많이 한다. '어떤 벽지를 고를까?' '어떤 가구를 구입할까?' 등 온통 새로운 보금자리에 대한 생각들로 가득하다. 하지만 기존에 살던 매도할 집에 대한 생각은 그다지 하지 않는다. 그저 원하는 시기에 좋은 가격으로 매도되기를 바랄 뿐이다. 그저 집을 있는 그대로 보여주고 매매만 되기 바란다.

이제 우리는 매도할 집에 더 많은 신경을 써야 한다. 더 빨리, 더 높은 가격에 집이 팔릴 수 있도록 고민하고 '실천'해야 한다. 이런 생각을 한 번도 해본 적이 없는가? 매매주택연출은 기존의 생각을 뒤집는 것에서 출발해야 한다.

02

매매주택연출은 탈개인화이다

매매주택연출은 인테리어가 아니다. 인테리어가 공간에 개인적 취향을 더하는 것이라면 매매주택연출은 개인적 취향을 없애는 것이다.

Photo

위 사진 속의 주방은 개인 기호에 맞는 예쁘고 산뜻한 주방이다. 하지만 집을 팔아야 하는 입장에서 보자면 조금 수정해야 할 부분들이 있다. 첫째, 벽장이 없어서 수납공간이 부족하다. 수납공간을 많이 확보하기 원하는 주부 입장에서는 상당히 협소한 주방으로 보일 수 있다. 둘째, 요즘은 대부분 양문형냉장고를 사용하는데, 사진 속 냉장고 자리에 양문형냉장고를 놓기 어렵다.

한마디로 '탈개인화'이다. 매매주택연출은 당신이 좋아하는 소품이나 가구 등을 놓는 것이 아니다. 매매주택연출은 집을 파는 행위이다. 인테리어는 선택이지만, 매매주택연출은 필수이다.

  시장 상황이 어떻든지 간에, 당신은 집을 팔아야 한다. 경기는 좋아졌다 나빠졌다 할 수 있다. 하지만 집을 팔고자 한다면, 변할 수 있는 것은 당신이지 구매자가 아니다. 당신이 할 수 있는 일은 매매주택연출을 통해 최대의 이익을 얻는 것이다. 다시 말해 당신의 집을 최상의 상태로 보일 수 있다면, 최대치의 매매가를 받을 수 있는 의미다. 매매

Photo

위의 두 공간은 실은 같은 방이다. 결과적으로 말해, 공사 후 모습인 오른쪽 사진 속의 방이 더 좋아 보인다. 깨끗하게 단장하고 예쁜 가구를 넣었으니 당연하다. 하지만 이 역시 집을 팔아야 하는 입장에서는 고민을 해야 하는 면이 있다. 오른쪽 방은 현장에서 제작한 가구들을 양쪽에 짜넣어 수납공간이 넉넉해졌지만, 방이라고 할 수는 없다. 큰 방을 선호하는 우리나라 소비자 입장에서는 선뜻 내키지 않는 방이 될 수도 있다는 의미다. 이 역시 방 전체가 수납공간이 되길 원했던 소비자의 개인 의지가 담긴 디자인일 뿐이다.

주택연출을 하지 않는다면 당신 집의 본래 가치를 보여줄 수 없다. 그리고 이 과정에서 손실을 보는 것은 바로 당신이다. 어지러운 집을 매매주택연출 없이 시장에 내놓는 것은 돈을 던져 버리는 것과도 같다. 주택 거래에서 가능한 최대의 매매가를 원한다면, 먼저 '주택'을 '연출' 해야 한다.

03

매매주택연출은
집을 상품화하는 것이다

시장용어로 말하자면 당신의 집은 '상품'이다. 연극, 또는 영화로 치자면 당신의 집은 세트장이다. 영화의 세트장처럼 당신은 집이 돋보이게 하기 위해 '무대'로 만들어야 한다.

관객을 고려하자. 당신의 집은 잠재 구매자뿐만 아니라, 부동산 중개인에게도 매력적으로 보여야 한다. 그들은 당신 집의 현재 모습을 기억하는 것이지, 앞으로 바뀔 모습을 생각하지는 않는다. 당신의 집이 중개사가 보기에 매력적이지 않으면 그들은 당장 팔수 있는 다른 집으로 고객을 데려갈 것이다.

당신의 집이 매매주택연출이 되지 않았다면, 그들은 당신의 집을 다른 집과 비교 대상으로 여길 뿐이다. 당신이 옷가게 주인이라고 생각해보자. 손님에게 어울리고 유행에 맞는 옷을 권하지, 결코 지난 시즌에 팔다 남은 유행이 지난 옷을 권하지 않을 것이다. 당신이 고급 의류 매장에 들어가서 마음에 드는 옷을 골랐다고 생각해 보자. 만일 옷에 오물이 묻어있거나 하자가 있다면, 당신은 가격을 낮춰달라고 요구하거나 구매를 포기할 것이다. 집에도 똑같이 적용된다. 매매주택연출을 통해 당신의 집이 최상의 상태가 되게 하자.

사실 집을 상품으로 만드는 일이 말처럼 쉬운 것은 아니다. 어디 손볼 데가 한두 군데인가? 세상에 내게 맞는 완벽한 상품이 없듯이, 우리 집도 완벽한 상품으로 만들 수는 없다. 하지만 좋은 상품이 되도록 노력할 수는 있다. 반드시 큰 돈을 투자해서 상품을 만들 필요는 없다. 적은 돈으로 얼마든지 멋진 상품을 만들어 낼 수 있기 때문이다. 정말 답답한 것은 좋은 상품인데, 정작 집주인이 그 상품의 가치를 모르고 그냥 헐값에 매도하는 일이다. 매매주택연출은 상품의 장점을 부각시키고 상품의 단점을 줄이는 일이다. 그래야 사용하기 원하는 이들이 나타난다.

04

매매주택연출은 구매자의 감성을 사로잡는 일이다

주택 구매는 매우 지치는 일이다. 주중에는 직장생활을 하고, 주말에 집을 보러 다녀본 사람이라면 금세 이해할 것이다. 그것이 다만 몇 주간이라고 할지라도 말이다. 아마 구매자가 당신의 집에 들어올 때쯤이면 그들은 편안하고 안락하며 자신의 집이라고 느낄 수 있는 깨끗하고 정돈된 집을 찾고 있을 것이다. 대부분의 구매자는 주택 구입 직후 뭔가를 하고 싶어 하지 않는다! 집값 이외의 더 이상의 여유자금도 없다. 그들은 빨리 집을 선택하고, 편히 쉬고 싶어 한다.

보통의 사람들은 대부분의 결정을 99% 감정으로 결정하고 1%의 이성으로 자기가 내린 결정을 합리화한다고 한다. 많은 소비자는 객관적인 사실보다는 주관적인 느낌을 더 중요시한다. 매입자는 "이 집은 왠지 우리 집처럼 편안하다"라는 마음이 들면 매입 절차를 밟는다. 연애를 할 때에도 그 이성의 모든 점이 다 마음에 드는 것은 아니지 않은가.

비용을 많이 투자할 용의가 있다면, 무엇이든지 완벽하게 집을 바꾸어 나가라. 하지만 비용에 한계가 있다면 감성을 사로잡을 수 있는

한 가지 포인트를 살려 보는 것도 좋다. 감성을 사로잡는 일을 위해 우리는 주택의 '카사노바'가 되어야 할지도 모른다. 구매자가 우리 집과 사랑에 빠지도록 만드는 것이다. 만일 그렇다면 성공한 것이다.

이제 당신의 집을 그들이 바로 마음에 들어 할 수 있도록 연출해 보자. 어쩌면 시장에 내놓았던 물건을 내가 다시 가져갈지도 모르겠다. 우리 집의 새로운 가치에 내가 다시 사랑에 빠질지도 모르기 때문이다.

Photo
다 똑같이 생긴 구조의 아파트를 얼마나 특별하게 만들 수 있을까? 아파트 발코니에 초록의 향기를 느낄 수 있도록 디자인 해보았다. 내부구조 전체를 바꿀 수 있는 비용이 없더라도 감성을 자극할 수 있는 작업은 얼마든지 많다.

05
매매주택연출은
구매자의 시선이다

장기간 여행을 떠났다 집에 다시 돌아오거나, 결혼으로 부모님과 떨어져 지내다 오랜만에 본가를 찾았을 때 느끼는 것이 있다. 바로 '우리 집이 낯설다'는 것이다. 그런데 낯선 우리 집에서 새로운 것들이 눈에 띈다. 예전에 생활했을 때는 몰랐던 것들이 보이기 시작하는 것이다. 세월의 때를 고스란히 드러내는 낡은 벽지, 일관성 없이 흩어져 있는 소품, 특유의 냄새, 산만하게 걸려 있거나 놓여 있는 액자들……. 생활할 때는 볼 수 없었던 새로운 시선들이 잠시 집을 비우며 생겨난 것이다. 이것이 바로 구매자의 시선이다.

매매주택연출을 위해서는 구매자의 시선을 가져야 한다. 늘 생활하던 공간은 장단점이 눈에 잘 보이지 않는다. 친구 집에 손님으로 초대 받고 갔을 때 느꼈던 그러한 시선들을 우리 집에도 가져야 한다. 그래야 집을 바꾸어 나갈 수 있다.

우리 집이라 구매자의 시선으로 바라 볼 수 없다고 생각한다면, 가까운 지인을 집에 초대하자. 그래서 구매자의 시선으로 우리 집을 솔직히 평가하고 지적해 달라고 부탁하자. 친구들 중에 유난히 까다로워 가끔은 만나기 꺼려지는 이가 있는가? 그 친구가 이럴 때 매우 좋은 조언자가 될 수 있다. 조금 더 전문적인 도움이 필요하면, 부동산중개사 또는 인테리어디자이너에게 도움을 요청할 수도 있다. 아니면 매매주택연출가를 찾아가라.

적은 비용 때문에 우리 집의 장점을 부각시키는 일을 포기하지 말고, 최대한 많은 조언을 듣고 더 큰 것을 얻자. 매매주택연출은 단순히 좋은 가격에 우리 집을 매매하기 위한 것만이 아니다. 이혼 등의 사유

Photo
사진 속의 집주인은 이 집만의 매력과 문제점을 모를 것이다. 이 집은 원목으로 거실을 마감해서 전원의 느낌과 안정감이 있지만, 잘못된 가구 배치와 소품들로 집의 장점들이 보이지 않는다. 거실에서 이불을 덮고 있는 모습은 집을 보러오는 소비자에게 이 집이 춥다는 인식을 강하게 전한다. 많은 소비자들은 단독주택이 춥다고 생각한다. 하지만 최근의 단독주택은 단열기술의 발달로 아파트만큼 따뜻하다. 이 집도 실제로는 겨울에 추운 집이 아니었다.

로 재산분배를 빨리 해야 하는 경우, 멀리 다른 지역으로 직장을 옮겨서 빨리 집을 팔고 직장 근처에 새 집을 얻어야 하는 경우, 집이 안 팔리면 경매로 넘어가는 경우 등 매매되지 않으면 더 큰 문제가 발생하는 일들이 우리 주변에서 생각보다 많이 일어난다.

06

매매주택연출은 경제학이다

인테리어나 리모델링 쪽 일을 하다보면, 고객들에게 최소비용으로 최대효과를 내는 디자인을 해달라는 요청을 많이 받는다. 이 상반된 일

구 분			구 성 비	금 액	비 고
순공사비	재료비	직접재료비		21,857,500	
		간접재료비			
		소 계		21,857,500	
	노무비	직접노무비		12,818,000	
		간접노무비			
		소 계		12,818,000	
	경비	경 비		4,212,000	
		소 계		4,212,000	
순공사비 계			재료비+노무비+경비	38,887,500	
관리자 인건비 + 기업이윤			재료비+노무비+경비+12%	4,666,500	
단위조절				- 554,000	
공급가액 계				43,000,000	
부가가치세				4,300,000	
총 공 사 비				47,300,000	

Photo

위 리모델링 합산견적서를 보면 알 수 있듯, 보통은 재료비와 노무비가 비슷하게 책정된다. 재료비를 줄일 수 있는 방법은 저렴한 재료를 선택하든지 공사량을 줄이는 방법 밖에 없다. 그렇지만 노무비를 줄일 수 있는 방법은 비교적 다양하다. 시공방법이나 재료를 달리한다든지, 직접 시공한다든지, 다기능공을 이용한다든지 등의 비교적 여러 가지 방법이 존재한다.

을 해야 하는 것이 좋은 디자이너의 책임이자 의무다. 비용을 많이 지불해서 좋은 효과를 내는 일은 누구나 할 수 있다. 특별히 신축 대신 리모델링을 원하는 소비자는 비용에 더욱 민감하다. 신축 대신 리모델링을 선택하는 이유가 바로 비용에 있기 때문이다. 돈이 넉넉하다면 굳이 리모델링을 선택하지는 않을 것이다. 그런데 리모델링보다 더 경제적으로 진행할 수 있는 일이 있다. 바로 매매주택연출이다.

NO	품명	수량	재료비	노무비	경비	합계	비고
1	철거공사	1.0	1,307,200	1,820,000	3,010,000	6,137,200	10.8%
2	창호공사	1.0	3,210,000	-	-	3,210,000	5.6%
3	도어 공사	1.0	4,365,000	1,540,000	-	5,905,000	10.4%
4	전기공사	1.0	1,650,000	1,000,000	250,000	2,900,000	5.1%
5	조명공사	1.0	1,065,000	180,000	-	1,245,000	2.2%
6	난방공사	1.0	2,330,000	200,000	100,000	2,630,000	4.6%
7	설비공사	1.0	944,000	260,000	30,000	1,234,000	2.2%
8	위생기구	1.0	1,886,000	400,000	30,000	2,316,000	4.1%
9	방수공사	1.0	2,635,000	180,000	16,000	2,831,000	5.0%
10	조적공사	1.0	368,500	1,260,000	240,000	1,868,500	3.3%
11	미장공사	1.0	1,332,500	1,840,000	570,000	3,742,500	6.6%
12	목공사	1.0	3,867,000	5,520,000	390,000	9,777,000	17.2%
13	도장공사(내부)	1.0	294,000	300,000	30,000	624,000	1.1%
14	도장공사(외부)	1.0	1,329,000	1,050,000	90,000	2,469,000	4.3%
15	타일공사	1.0	1,571,500	1,010,000	147,500	2,729,000	4.8%
16	금속공사	1.0	870,000	-	-	870,000	1.5%
17	도배공사	1.0	566,000	720,000	60,000	1,346,000	2.4%
18	바닥공사	1.0	1,297,500	346,000	-	1,643,500	2.9%
19	가구공사	1.0	3,495,000	-	-	3,495,000	6.1%

Photo

위 표는 공정별 재료비, 노무비, 경비를 분리해서 정리해 놓은 것이다. 자세히 보면 목공사처럼 유난히 노무비가 많이 드는 공정들이 있다. 이 공정들의 노무비를 줄이는 것이 매매주택연출을 위해 꼭 필요한 일들이다. 또한 이 공정들 중에서 특별히 일반인이 비교적 쉽게 할 수 있는 일들도 있다. 대표적으로 도장 공사다. 매매주택연출은 자재를 바꾸는 일보다는 컬러를 바꾸는 일에 집중해야 한다.

매매주택연출은 정말이지 비용을 줄이고 줄여야 하는 작업이다. 왜냐하면 대부분의 매도자는 판매할 물건에 많은 비용을 투자할 여력이 없으며, 사실 매매주택연출에 많이 투자할 필요도 없다. 투자비용만큼 회수가 안 된다면 오히려 더욱 손해를 볼 수도 있기 때문이다.

매매주택연출은 리모델링보다 더욱 경제성에 중점을 둔다. 경제적 가치를 따지지 않는다면, 이 일은 단순히 개인적 취미로 전락할 수 있다는 것을 명심하자.

PART 2

성공하는
매매주택연출을 위한
전략

01

집을 내놓기 전에
미리 짐을 싸두어야 한다

대부분의 매도인은 집이 팔린 후 짐을 싸기 시작한다. 그렇지만 매매주택연출을 고려한다면, 그 반대가 맞다. 즉 집을 내놓기 전에 이삿짐을 미리 싸두는 것이다. 그러면 집이 더 빨리 팔린다.

 이삿짐을 일찍 싸면 방이 치워지고 잠재 구매자는 정서적으로 쉽게 당신의 집을 내 집처럼 여길 수 있다. 어떤 좋은 물건이든 관계없이 짐을 치워두라. 모든 짐을 다 싸둘 필요는 없지만, 짐 싸기를 일찍 시작하자. 곧 이사하게 될 것이다.

 이런 작업은 잠재 구매자에게 이 집은 내일이라도 바로 나갈 수 있다는 심리적 여유를 안겨준다. 왜냐하면 매입이 급한 구매자는 이 집이 언제 비워질지 심리적인 불안감을 가지고 있기 때문이다.

 이미 매입한 집에 짐을 놓거나 공간을 임대하거나 지하실 혹은 창고를 이용하여 짐을 보관하면 된다. 그러나 차고에는 짐을 쌓아 두지 마라. 매매주택연출 후 차고는 주차 목적으로만 이용해야 한다. 방은 늘 정리해 두어야 한다. 박스는 깔끔하게 쌓아 두고, 큰 물건은 방의 한쪽 끝에 포개어 두자.

당신의 눈은 당신이 새로 구입할 집에 가 있어야 한다. 아직 구입하지 않았다 하더라도 말이다. 짐을 넣어둔 박스에 이사할 새 집에 넣을 방 이름을 표시해 두자. 이제 앞으로의 일에 대해서만 생각하자. 그리고 현재 집의 매매가를 최대한으로 높이기 위한 연출에 집중하자. 그러면 당신이 이사 갈 집에 투입할 수 있는 자금을 더 확보할 수 있게 된다.

당신이 살아가는 방식과 집을 파는 방식은 별개다. 집이 더 좋아 보일수록 더 빨리, 그리고 더 높은 가격에 팔린다. 만약 당신이 집을 팔고자 하는 마음이 있다면, 그 집이 최고로 보이기 위한 중요한 조치를 취해야 한다.

Photo
왼쪽 사진처럼 앞으로도 계속 살 것처럼 집을 그대로 두지 말고 짐을 최대한 정리해 놓자. 오른쪽 사진처럼 만큼은 아니더라도 짐을 최대한 포장해 두자.

02
매매주택연출은
청소가 제일 중요하다

바닥이 끈적끈적한 방에 서 있어본 경험이 있는가? 중력에 의해 아래로 당겨지는 기분을 느낄 수 있을 것이다. 주방 바닥보다 집의 상태를 잘 보여주는 곳이 없다. 그 집의 주방을 보면 집 전체 상태를 예상할 수 있다. 깨끗한 집은 매력적이다. 구매자는 깨끗한 집을 잘 관리된 집으로 여긴다. 더러운 집에 들어오면 그 집의 진짜 모습을 고려할 여지도 없이 빨리 나가고 싶어 한다. 불쾌한 기분이 들기 때문이다.

대체로 일상생활이 너무 바빠 주변을 치우기 힘들다. 심지어는 바닥에 있는 먼지나 머리카락을 보지도 못한다. 그러나 집을 팔고자 한다면 먼저 완벽하게 청소해야 한다. 걸레받이, 바닥, 욕조, 후드, 환기구, 냉장고 위 등을 청소하고, 각 모퉁이의 거미줄과 먼지를 제거하자. 특별히 욕실과 주방의 청소를 깨끗하게 해야 한다. 매매주택연출의 시작과 끝은 청소다.

단독주택이라면 추가적으로 건물외벽, 데크, 차고 진입로 등을 철저히 청소해야 한다. 시간이나 일손이 없어서 청소할 수 없는 상황이라면 전문청소업체를 부르는 것도 좋다. 청소비용 정도는 아쉽지 않을 가격에 집을 매매하고 곧 이사 가게 될 것이다. 일반 대중들은 보이는 것 이상으로 상상하지 않는다. 우리는 이 점을 늘 상기해야 한다.

Photo
왼쪽 욕실은 타일 위에 붙은 스티커를 제거하고 벽에 위쪽의 파란색 페인트에 붙은 곰팡이와 땟자국만 청소해도 훨씬 개선된 모습이 될 것이다. 오른쪽 사진의 욕실은 그리 좋은 상태의 욕실은 아니지만 청소 후 훨씬 깨끗한 모습으로 보인다.

03
냄새나는 집은 절대 안 팔린다

주택의 악취는 반드시 제거되어야 한다. 집에 개, 고양이, 오래된 커튼, 곰팡이, 혹은 흡연자가 있거나 당신이 집에서 요리를 즐긴다면 집은 생활의 악취로 가득 할 것이다. 이것들로 인한 악취는 반드시 제거

Photo

위 사진의 집들은 굳이 노력하지 않더라도 이미 뇌에서 냄새를 감지하고 있을 것이다. 냄새 나는 집, 곰팡이가 많은 집, 누수가 있는 집은 팔기 어렵다. 오른쪽 사진의 집은 지하공간이다. 지하공간의 상태가 안 좋으면 보통 방치하기 마련인데 지하공간을 개선하면 집 매매에 훨씬 유리할 수 있다. 쾌적한 냄새 없이 깨끗한 지하공간을 보면 소비자는 지하공간의 활용을 한번쯤 생각해 보게 되고, 덤으로 얻는 공간이라 생각한다. 물론 다락방도 마찬가지다.

되어야 한다. 그 집에 사는 사람은 너무 익숙해서 냄새를 감지하지 못할 수 있다. 우리는 우리 집의 냄새는 잘 감지하지 못하지만, 가끔 친구 집에 가면 그 집 고유의 냄새를 바로 감지한다. 왜 그런 현상이 나타나는가? 우리의 코는 일정한 시간이 지나면 냄새에 적응하기 때문이다. 중개인 혹은 구매자가 우리 집을 방문할 때는 그 악취를 맡을 것이다. 이미 그들은 마음속으로 다른 집에 갈 채비를 할지도 모른다.

냄새제거를 위해 맞바람이 들게 하여 집을 환기하자. 공기청정제, 냄새제거제, 후드, 환풍기 등으로 냄새를 제거하자. 냄새 역시 확인이 어렵다면, 친구를 불러 냄새가 나는지 물어보자. 냄새는 근원을 찾아 영구히 없애는 것이 최선이다.

04
커튼과 침대시트를 세탁하고 유리를 교체하자

커튼 등을 세탁하는 것만으로도 집의 환경이 달라 보인다. 눅눅한 커튼과 침대시트가 집과는 아무런 상관없어 보일 수 있지만, 구매자는

Photo
여관과 모텔의 가장 큰 차이점은 침대시트와 이불의 상태다. 대체로 여관은 찝찝한 이불이 놓여 있어 잠자기에 불편하고, 모텔은 대체로 깨끗하고 폭신한 침대시트와 이불인 경우가 많다. 호텔만큼의 관리 상태는 아니지만, 그래도 기분 좋게 잠을 청할 수 있을 정도는 된다.

이를 집과 동일시하는 경향이 있다. 커튼의 상태가 지나치게 안 좋거나 교체할 수 없는 상황이라면 차라리 없애는 편이 낫다.

특별히 어둡고 무거운 커튼과 빛을 완전히 차단하는 암막블라인드는 방을 더 좁아 보이게 한다. 커튼을 떼어 이삿짐을 싸놓는 것이 좋은 방법일 수 있다. 이렇게 하면 채광이 좋아져서 방이 더 환해 보인다. 반대로 방에 빛이 들어오지 않거나 창틀이 오래되어 보기 싫다면 깔끔한 커튼을 설치해서 창을 가리는 것이 좋다. 침대시트가 오래되어 이사 가서 새로 구입할 계획이었다면, 이사 가기 전에 새로 구입하는

Photo
위 사진 속의 집은 빛이 잘 들어와 낮에 조명이 필요 없는 집인데, 창유리가 불투명유리로 마감되어 있어서 장점이 반감됐다.

것도 고려해보자. 매매 후 새집에 가서 그 침대시트를 그대로 사용하면 되지 않는가?

빛이 잘 들어오는 방의 유리는 투명유리로 교체하는 것도 고려해보자. 집에 빛이 잘 들어오는 것은 매매하기에 매우 좋은 장점인데, 불투명유리로 인해 그 장점이 잘 부각되는 못하는 경우가 있기 때문이다. 만약 프라이버시 문제로 불투명 유리를 선택했다면, 커튼이나 블라인드로 처리하고, 잠재 구매자가 오기 전에 커튼을 제쳐놓자.

먼지 낀 창문과 창틀은 밖을 내다 볼 수 없게 하고, 안 좋은 인상을 남긴다. 지금 바로 창문을 깨끗이 청소하자.

05
잡동사니는 에너지를 분산시킨다, 잡동사니를 없애자

인테리어 잡지 속의 많은 집들은 정말 깔끔하게 보인다. 인테리어 공사 직후 군더더기 없이 깨끗하게 정돈해 놓고 사진을 찍었기 때문이

Photo

사진의 주방은 참 예쁜데, 주위의 잡동사니가 예쁘게 보이지 않게 만든다. 사실 대부분의 집들이 이런 모습으로 생활할 것이다. 하지만 주택을 매도하기로 결정했다면, 최소한 집이 팔릴 때까지는 잡동사니를 없애는 습관을 가져야 한다.

다. 하지만 실제 우리네 살림살이기 그런가? 특별히 유아기의 자녀를 둔 가정의 모습은 참 가관이다. 대부분의 가정에서 잡동사니는 생길 때는 하나씩이지만, 결국에는 공간 전체를 메워버린다. 잡동사니는 에너지를 소모시키고 집을 잠식한다. 이제 잡동사니 없는 집을 만들어보자.

잡동사니가 많은 집에서는 자연스레 스트레스를 받기 마련이다. 우리나라 대부분의 가정에서는 잡동사니가 너무 많아 질식할 지경이다. 이제 방 하나씩 차례로 날을 잡아 잡동사니를 정리하자.

대부분의 주택들이 너무 많은 잡동사니 채 부동산시장에 나온다. 주방만 보더라도 커피포트, 토스트기, 미니오븐 등 각종 크고 작은 가

Photo
평범해 보이는 이 주방이 앞의 주방보다 훨씬 매력적으로 보이는 이유는 무엇일까? 바로 잡동사니를 없애고, 깨끗이 청소를 해놓아서이지 않을까?

전으로 꽉 차 있다. 매매주택연출을 할 때 꼭 필요한 가전제품 외에는 모두 없애거나, 이사 갈 집에서 사용할 거라면 짐을 싸놓자.

매매주택연출을 할 때 잡동사니를 없애는 것은 청소만큼이나 중요하다. 잡동사니는 집을 파는데 있어 전혀 도움이 되지 않는다. 반드시 없애야 한다. 다시 말해, 당신이 살아가는 방식과 주택을 파는 방식은 전혀 별개라는 것이다.

구매자가 정서적으로 당신의 집을 내 집같이 느낄 수 있도록 해야 한다. 집안에 잡동사니가 많으면 그것이 불가능하다. 당신은 집 안의 '물건'을 파는 것이 아니라, '공간'을 파는 것임을 잊지 말아야 한다. TV 광고와 잡지 등 지면광고 속의 집들은 왜 하나 같이 군더더기 없이 깔끔할까? 우리의 삶과 조금은 동떨어진 모습일지라도, 집을 '세트장'이

Photo
왼쪽 사진처럼 잡동사니가 방을 창고처럼 보이게 만들 수도 있다. 대부분의 소비자는 보이는 대로 믿는다는 것을 생각한다면, 이런 상태로 집을 내놓을 수는 없다. 이미 집이 팔렸다고 생각하고 생활에 꼭 필요한 것만 제외하고 잡동사니를 깨끗하게 정리해보자.

라 생각한다면 그렇게 '연출'해야 한다.

그렇다면 잡동사니는 무엇을 말하는 걸까? 당신은 없애버리고 싶지 않지만, 다른 가족들은 없애고 싶어 하는 어떤 것 정도로 이해하면 된다. 신문, 잡지, 장난감, 인형, 스크랩북 등 사람들이 당신의 개성이 묻어난다고 말하는 물건들 말이다.

매매주택연출을 할 때 이런 물건들은 숨겨야 한다. 없앨 필요까지 없다 하더라도, 최소한 집을 내놓기 전에 이삿짐으로 미리 싸두어 감추는 것이 좋다.

모든 물체는 에너지가 있으며, 그 에너지는 움직임과 연관된다. 그러나 잡동사니의 에너지는 우리를 앞으로 나아가게 하는 것이 아니라 주저하게 만든다. 집을 보러 왔을 때 잡동사니로 가득한 공간에서 스트레스를 받는다면 구매자는 결코 집을 제대로 보지 않는다. 처음에야 중개인에게 "집의 상태는 별로 중요하지 않습니다. 그냥 살고 있는 모습 그대로 보여 주셔도 돼요."라고 말하지만, 사실 그들은 집안의 잡동사니가 없는 상태의 공간을 상상하지 못한다. 있는 그대로 보는 것이다.

공간 역시나 그 자체로 에너지를 가지고 있다. 구매자는 문 앞에서 각 방의 기운을 느낀다. 그들은 잡동사니가 너무 많은 방에는 들어가려고 하지도 않는다. 왜냐하면 에너지가 분산되어 있기 때문이다. 당신이 할 일은 각 방을 매매주택연출을 통해 에너지를 증가시키고 집중시키는 일이다. 매매주택연출 강의를 하면서 수강생들에게 잡동사니로 가득찬 방을 보여주면, 그들은 탄성(?)과 함께 "이 방은 물건에 익사 당할 것 같네요."라고 말한다. 방을 깨끗이 비우면 훨씬 기분이 좋아질 것이고, 집도 팔린다.

한 번에 한 방씩 해결하면 된다. 당신은 구매자가 공간을 볼 수 있기를 원한다. 자유스러운 흐름과 넓은 공간을 목표로 삼아라. 그러면 방이 더 커 보인다. 매매주택연출을 할 때 필요 없는 모든 물건을 방 입구에 모아서 나중에 한꺼번에 분류하자. 경험으로 비추어 볼 때 당신은 생각했던 것보다 더 많이 없앨 수 있다. 공간이 넓은 집에는 새 에너지가 유입되고, 구매자도 편안하게 들어올 수 있다. 매매주택연출이 된 집은 단시간에 더 큰 금액으로 팔릴 수 있다는 것을 명심하자.

내부 잡동사니 리스트	외부 잡동사니 리스트
· 지나치게 많은 책 · 방에 널려 있는 옷 · 소품 · 많은 가구 & 화분 · 집안에 가득한 인테리어 소품 · 신문 스크랩, 잘 안 읽는 기사 조각 · 주방 조리대에 놓여있는 많은 가전제품 · 쌓여 있는 잡지 · 어지러운 책장 · 방치된 신발 · 화장대에 흐트러져 있는 귀금속 · 지나치게 많은 가족사진 · 지나치게 많은 쿠션	· 지나치게 많은 정원 가구 · 데크에 있는 많은 화분 · 낡은 바비큐 장비 · 바깥이 내 놓은 삽 등 가드닝 용품 · 마당에 죽은 식물들 · 안 쓰는 벽돌, 잔디에 깔 돌 · 페인트 통 · 비료포대

그렇다면 매매주택연출 할 때 없앤 물건들은 어떻게 처리하면 좋을까? 물건을 정리하는 방법도 다양하다는 사실을 알아야 한다. 이를 테면, ①버리거나(매우 힘든 일이지만 가장 바람직한 방법이다) ②이삿짐으로 싸 버리거나 ③잠깐 동안 보관 장소를 임대하거나 ④자선단체에 기부하거나 ⑤다락이나 창고에 보관하거나 ⑥필요한 친구나 이웃에게 나누어 주거나 ⑦지하실 가장자리를 활용하라.

06
지나치게 많은 가구는 집을 좁아 보이게 만든다

대부분의 집에는 가구가 필요 이상으로 많다. 붙박이장 형태의 맞춤식 가구는 괜찮지만, 비교적 작은 크기의 가구들은 집을 어지럽게 만드는 원인이다. 이런 가구는 생활에는 도움이 될지 몰라도, 팔 때는 도움이 안 된다. 매매주택연출을 할 때 가구 서너 점 정도는 버릴 각오를 해야 한다.

Photo
위의 두 공간이 같은 방이라면 믿을 수 있는가? 지나치게 많은 가구는 집을 더욱 좁아보이게 만들고, 사는 이의 마음까지 답답하게 만든다.

보통 거실과 주방에 지나치게 많은 의자와 테이블이 있는데, 이것은 구매자에게 집이 복잡해 보이게 할 수 있다. 가구를 없애는 것은 매매주택연출의 중요한 부분이다. 이것은 집을 개방시키는 효과가 있다.

아이를 키우다 보면 그때그때 필요에 의해 소형가구들이 하나하나 늘어가기 시작하는데, 소형가구들은 공간을 효율적으로 사용하지 못할 뿐만 아니라 청소하기도 힘들다. 그래서 소형 가구들 대신 효율적인 공간구성이 되어 있는 붙박이장 같은 시스템가구를 이용하는 것이 좋다. 주택을 매매시장에 내놓기 전에 짐을 최대한 포장해서 소형가구들을 정리하자. 이것만으로도 집이 훨씬 넓어 보일 것이다. 꼭 필요했던 가구들이 굳이 없어도 되는 가구들로 보인다면, 이제 매매주택연출가로서의 자질을 갖추었는지 모른다.

07

재배치만으로
쓸모없는 가구를 재탄생시킨다

앞에서 많은 가구를 버려야 한다고 말했지만, 그것이 곧 모든 가구를

사진 출처 : 엠스타일정리 / http://blog.naver.com/card8989

Photo

아이 방에서 침대와 책상의 위치를 잡는 것은 쉽지 않다. 왼쪽 사진 속의 방은 베란다를 확장한 창가 쪽 전체를 침대가 다 막아선 형태다. 창의 길은 막는 않는 것이 좋다. 창은 사람뿐만 아니라, 바람과 공기가 다니는 길이다. 오른쪽 사진 속 방처럼 최대한 창을 피해서 침대를 놓아야 한다. 책상과 5단 서랍장을 함께 배치하여 공간이 더 넓어 보인다. 물론 정리 정돈과 청소는 기본이다.

의미하는 것은 아니다. 아이방에서 별 의미 없었던 가구가 안방에서 쓸모 있고 멋진 가구가 될 수도 있다. 가구의 재배치를 통해서 쓸모없던 가구의 생명을 살릴 수 있다. 가구를 재배치하기 위해서는 집안의 가구들을 꼼꼼하게 기억하고 전체공간을 바라볼 수 있는 안목이 필요하다.

 매매주택연출은 집의 장점은 부각시키고, 단점은 줄이는 작업이다. 가구도 마찬가지다. 가구가 장점이 될 수 있는 공간에 적절히 배치하고, 어디든 공간연출이 애매하고 단점이 될 수 있는 가구라면 과감하게 버리자.

Photo
피아노를 편안하게 놓고도 여유 있는 공간의 집은 흔치 않다. 대부분의 가정은 피아노 놓을 곳을 찾지 못해 고민한다. 왼쪽 사진 속 방 역시 피아노가 창을 막아선 배치다. 오른쪽 사진 속에서처럼 피아노를 책장과 맞대어 놓는 것만으로도 공간이 더 넓어 보이고 시원해보인다.

08
벽을 연출하자

자녀 방과 같이 벽에 그림이나 포스터가 많이 붙어 있는 방의 경우 한 두 점을 제외하고 모든 그림이나 포스터를 없애고, 못 자국을 메우고,

Photo
잠재적인 구매자는 집을 보러 왔지, 그 집의 소품을 보러 온 것이 아니다. 특히 가족사진 액자는 그 공간이 더욱 내 집같이 느껴지지 않도록 만든다. 걸려 있는 그림과 액자 등을 최대한 줄이고 우리 집 자체를 구매자에게 보여주자.

필요하다면 남아 있는 사진이나 그림을 손보는 것이 좋다. 마찬가지로 거실, 각 방 그리고 욕실에도 벽에 너저분하게 이것저것 붙어있는지 꼭 확인하자. 당신은 집을 팔고 싶은 것이다. 그러니 너무 많은 사진이나 그림은 구매자에게는 잡동사니가 될 뿐이며, 아무 의미가 없는 것들이다.

좋은 그림은 미술관이나 전시장에 있다. 일반적인 가정에 걸려 있는 그림들은 대체로 집에 안 어울리는 경우가 많다. 물론 절대적인 이야기는 아니지만 말이다. 벽을 깔끔하게 연출하는 것만으로도 집은 훨씬 밝아 보인다는 점을 명심하자.

09

컬러를 바꾸는 작업이
가장 효율적이다

모든 집은 나름의 장점이 있고, 컬러는 그러한 장점을 부각시킬 수 있는 좋은 기능을 한다. 페인트칠은 매매주택연출에서 가장 비용이 덜 드는 방법 중 하나다. 항상 필요한 것은 아니지만 도색만으로도 우리 집을 다른 집보다 훨씬 예쁘게 보이게 할 수 있다.

Photo
오른쪽 사진은 왼쪽 사진 속의 마감재인 '서기목' 위에 단지 화이트컬러의 칠을 했을 뿐이다. 그러자 공간이 다시 살아났다. 서기목으로 인해 빛을 흡수하는 거실에서 빛을 발산하는 밝은 거실로 바뀌었다.

집을 내놓기 전에 집의 컬러를 단순화시키기 위한 페인트칠을 고려해보는 것도 매우 좋은 아이디어다. 블루 톤의 침실과 화려한 꽃무늬 벽지는 살고 있을 때는 괜찮을지 모르지만, 팔 때는 불리하게 작용한다.

매매주택연출을 할 때 각 방은 심플한 색으로 구성되어야 하며, 전체 집의 컬러는 일관성이 있어야 한다. 잠재 구매자가 각 공간을 보면서 지나치게 다양한 컬러에 강한 인상을 받는 것은 곤란하다. 최고의 벽 컬러는 알아차리지 못할 정도로 은은한 컬러이거나 그 방에 딱 알맞다고 여겨지는 컬러다. 벽이 지저분하거나 컬러가 예쁘지 않거나 두드러진다면 페인트칠이나 도배는 필수다. 복도의 벽에 얼룩이나 낙서가 있다면 반드시 페인트칠을 하거나, 세척하는 것이 좋다.

갈색 톤의 벽에 흰색 크라운몰딩은 대체로 예뻐 보인다. 방이 밝을수록 독특한 무채색을 드러내는 벽지도 좋아 보인다. 집안의 바닥과 어울리는 안전한 컬러를 선택하자. 나는 대체로 화이트 계열 컬러를 추천한다. 그렇게 되면 그 외의 벽체에 선택할 수 있는 컬러의 범위가 넓어지기 때문이다.

따뜻한 계열의 화이트는 차가운 화이트보다 사람을 끌리게 한다. 모든 페인트 컬러는 기본색에 배합공식에 따라 제조된다. 대부분의 페인트 회사는 페인트 샘플집을 제공하고 그 색을 조색기계로 그대로 만들어 준다. 샘플집을 활용하여 자신의 집에 맞는 페인트를 선택할 수 있다. 벽지는 대체로 회사에서 제공하는 디자인이 정해져 있지만, 최근 무지벽지는 다양한 컬러를 출시하니 참조하면 좋다.

대부분의 가구는 화이트 계열의 벽에 잘 어울린다. 화이트 계열색은 구매자에게 향후 자신이 살 공간을 더 잘 상상할 수 있게 해준다. 집을 하얀 스케치북으로 만들어 다양한 상상을 하게 만들어 주는 것이다.

그리고 모든 방에 중성 컬러의 배경을 선택하자. 그런 다음 세심하게 선택한 쿠션, 러그, 커튼 등으로 장식하자. 제발, 집 안의 모든 벽을 강렬하고 밝은 컬러로 칠하지 말라! 구매자는 보이는 대로 받아들일 뿐이며, 결코 앞으로 바뀌게 될 모습을 상상하지 않는다. 한 공간에 컬러가 너무 많으면 구매자는 방을 보면서 신경을 집중하지 못하고 산만해진 채로 곧 그 집을 떠날 채비를 할 것이다.

Photo
왼쪽 사진 속의 좁은 계단은 마감 재질 때문에 더욱 공간을 좁아 보이게 한다. 오른쪽 사진처럼 서기목 위에 화이트컬러로 칠하고, 전면의 색을 청록색 포인트로 마감했다. 공간에 훨씬 생동감이 넘친다. 1층과 2층을 다니는 사람의 마음가짐이 달라진다.

벽지나 페인트의 컬러를 정하는데 자신이 없다면 감각이 있는 지인과 함께 구매하러 가거나 인테리어 전문가에게 의뢰하자. 그것마저 힘들다면 부드러운 화이트 톤을 선택하는 것이 좋다. 화이트컬러는 특별히 좋아하는 사람이 많지는 않지만, 특별히 싫어하는 사람도 없다. 더 중요한 것은 대체로 다른 컬러와 조화가 잘 된다는 점이다. 심플한 컬러는 집을 매매하기 위한 효과적인 방법이다. 당신은 공간을 파는 것이다. 구매자가 원하는 것, 그리고 당신이 이익을 얻은 대상도 바로 공간이다.

10

개성적인 스타일보다
대중적인 스타일이 좋다

인테리어 트렌드는 계속 변한다. 프로방스스타일, 엔틱스타일, 모던스타일, 클래식스타일, 세미클래식스타일, 미니멀스타일, 젠스타일, 퓨전스타일, 컨트리스타일, 내추럴스타일, 로맨틱스타일, 에스닉스타일, 북유럽스타일 등 다양한 스타일들이 지금까지 유행해왔다.

이렇게 많은 스타일 중에 대중이 원하는 스타일을 몇 가지로만 축약할 수 있다. 매매주택연출은 대중적인 스타일을 원한다. 최신 스타일 중에서 보편적인 것을 살펴보면 다음과 같다.

① 프로방스스타일

자연스럽고 소박한 유럽 시골 마을의 풍경과 모던함이 결합된 스타일이다. 자연스러운 색상을 기본색으로 하고, 파스텔 톤 색상으로 포인트를 살린 것이 특징. 30~40대 젊은 주부들이 많이 선호한다.

개성

대중

Photo

위 사진 속 공간보다는 아래 사진 속 공간이 더 편안하고 머물고 싶은 공간으로 보이지 않는가? 개성적인 공간은 심리적, 또는 물리적으로 사람마다 약간의 불편함을 느낄 수 있다. 주거를 찾는 잠재 소비자는 내 집 같은 편안함을 원한다.

② 모던스타일

근대 양식을 의미한다. 1890년경부터 1910년까지 유럽에 퍼진 아르누보의 또 다른 명칭이기도 하다. 1900년경부터 쓰인 개념으로 오늘날에도 프랑스 등에서 일반적으로 널리 쓰이고 있다. 군더더기 없이 심플한 디자인과 화이트컬러가 주종을 이룬다. 현재 인테리어디자이너들이 가장 많이 적용하는 스타일이기도 하다.

③ 세미클래식스타일

클래식스타일은 세미클래식, 럭셔리클래식, 네오클래식, 로맨틱클래식, 모던클래식 등으로 나누기도 한다. 일반적으로 19세기까지의 양식을 총칭해서 클래식이라 부른다. 클래식스타일은 서양의 전통적인 양식으로, 기품 있고 웅장하며 화려하다. 전체적으로 고급스러운 이미지를 만들어낸다.

엔틱스타일처럼 전통을 고수하고 장식적인 것을 좋아하는 계층, 사회적으로 안정적인 계층의 사람들이 선호한다. 과거 궁전 등에서 주로 사용한 양식이다. 유럽의 클래식 인테리어는 각 시대의 귀족 문화가 고전 양식으로 오늘날까지 이어져 온 것이다. 현대에 와서는 옛것에 대한 향수와 귀족적 신분의 표현으로 쓰인다. 클래식스타일은 장식의 강도에 따라 다양한 양식으로 나누어졌다. 이중에 클래식스타일을 단순화시킨 세미클래식스타일이 가장 대중이 선호하는 스타일이다.

④ 내추럴스타일

심플한 공간에 나무, 벽돌, 돌 등 자연적인 소재를 살린 인테리어를 말한다. 자연적인 소재는 사용자에게 따뜻한 느낌의 공간을 제공한다. 최근에 많이 사용되고 있는 고벽돌 같은 것도 대표적인

내추럴 스타일의 자재다. 비교적 저렴한 비용으로 공간을 연출할 수 있다.

⑤ 북유럽스타일

최근 북유럽스타일 열풍이 불고 있다. 북유럽스타일은 스칸디나비아 반도에 위치한 세 국가 노르웨이, 스웨덴, 핀란드의 스타일을 말한다. 북유럽스타일은 인테리어뿐만 아니라 살림 도구,

의상 등으로 광범위하게 퍼져나가고 있다. 목재의 질감을 최대한 살리기 위해

장식을 최소화하는 것이 일반적이지만 지금은 많이 혼합되어서 구분하기 힘들기도 하다. 지난 연말 국내에 정식으로 문을 연 세계 최대 규모의 가구회사 이케아의 제품들이 대표적인 북유럽스타일이다.

최근에는 딱히 어떤 스타일이라고 단정하기 어려운 스타일들이 많다. 개인적으로 고객들과 상담을 해보면, 원하는 스타일이 거의 동일하다. 대부분 최근 잡지나 인터넷 상에서 좋아 보이는 스타일을 원한다. 이런 스타일은 사진으로 감을 잡는 것이 좋다.

대중적인 스타일을 선택하면 그만큼 우리 집을 원하는 잠재적인 구매자의 폭이 넓어진다는 것을 뜻한다. 이것은 매매확률이 높아진다는 의미이기도 하다. 당신의 개성은 살 집 또는 사람을 만났을 때 드러내고, 집을 매도하기 위해 망치를 들었다면 대중이 선호하는 무난한 스타일로 꾸미는 것이 좋다. 스타일 역시 탈개인화시키는 것이다.

11
매매주택연출은 기능이 아니라, 미를 위한 인테리어다

인테리어 공정을 정확하게 '기능적이다' '미적이다'라고 구분하기는 힘들지만, 그래도 현장에서 일을 하다보면 기능을 위한 기본공사와 미를 위한 마감공사로 구분짓기도 한다.

기능적 인테리어 공정	미적 인테리어 공사
상하수도설비공사	타일공사
난방 및 보일러공사	페인트공사
미장 및 조적공사	필름 및 도배공사
방수공사	바닥재마감공사
전기설비공사	가구공사
새시 및 금속공사	위생기구공사
방문, 현관문, 중문공사	조명공사
단열 및 목공사	목가구 제작

매매주택연출은 인테리어와는 분명히 구별되어야 한다. 하지만 상담을 하다보면 미적 인테리어 공사를 부분적으로 해야 할 경우가 많

다. 이런 종류의 공정을 흔히 마감공사라고 하는데, 마감공사는 우리 눈에 바로 보이는 공정이라고 생각하면 된다. 아무리 기능적 공정을 깔끔하게 잘 해도 마감이 부족하면 고객은 이의를 제기한다. 왜냐하면 대부분의 소비자는 가시적으로 눈에 보이는 부분 외에는 잘 인지하지 못하기 때문이다. 전문가가 아닌 이상 당연하다.

만약 기능적인 인테리어까지 해야 할 상황이라면 이것은 매매주택연출이라기보다는 인테리어, 또는 리모델링 공사에 해당된다. 매매주택연출을 하다보면 집의 상태에 따라 기능적인 인테리어와 미적인 인테리어 공정 모두를 하고 난 후 매매주택연출 작업을 해야 할 경우도 가끔씩 발생한다.

기능적인 인테리어는 일반인이 하기 힘들다. 하지만 미적인 인테리어는 최근에 인테리어 DIY 라는 이름으로 일반인들도 많이 작업한다. 기능적인 인테리어 공정을 최대한 줄이지 않으면 연출 비용이 많이 상승할 수 있다는 점을 명심하자.

PART 3

감성을 자극하는 연출

당신이 좋아하는 의류매장에 간다고 생각해보자. 그 매장은 어떤 모습인가? 어떤 음악이 나오는가? 그곳에 들어서면 어떤 기분이 드는가? 우리는 매매주택연출을 통해 바로 그것을 당신의 집에 연출해야 한다. 구매자와 부동산중개인의 정서에 영향을 끼쳐야 한다.

매매주택연출을 했다면 집이 매매될 때까지 매일 그 상태를 유지할 수 있도록 해야 한다. 그래야 효과가 있다. 만약 당신이 좋아하는 매장을 갔는데, 조명이 꺼져있고 여기저기 옷이 널려 있다면 그곳에 들어가고 싶은 생각이 달아날 것이다. 집도 마찬가지다. 집을 시장에 내놓았다면 적절한 조명, 음악, 그리고 손님이 편하게 다닐 수 있는 넓은 공간은 필수이다. 그래야 구매자는 정서적으로 자신의 집으로 생각할 수 있고, 당신의 집을 자신의 집으로 만들고 싶어 한다.

이제 당신의 집이 최고의 가격에 팔릴 수 있도록 만드는 진짜 연출을 해보자.

01

조명 연출

항상 조명을 켜 둔다. 밝은 집이 넓어 보인다. 당신이 직장에 있다면 타이머를 설정해 두자. 오전 10시에서 오후 6시까지가 일반적으로 구매자가 방문하는 시간이다. 조명을 밝게 하는 것은 매매주택연출로 수익을 올릴 수 있는 가장 좋은 방법이다. 공간을 제대로 볼 수 있게 하는 밝은 조명인지 잘 확인하자.

Photo
위 사진 속의 공간은 같은 공간이다. 물론 도배와 바닥재를 교체하긴 했지만, 조명의 역할을 극적으로 말해 주는 광경이다.

02
커튼과 유리 연출

커튼과 블라인드는 모두 걷어 놓는다. 단, 바깥 경치나 환경이 좋지 못한 경우는 예외다. 가끔 낮에도 커튼이 드리워져 있는 집을 방문해 놀라는 경우가 있다. 집주인들은 가구의 색이 바랠 것을 걱정해서 커튼

Photo
안 좋은 조망을 가진 집은 불투명유리로 조망을 가려주고, 은은한 빛만 유입토록 하는 것이 좋다. 장점은 최대한 부각하고 단점은 줄이는 일, 이것이 바로 매매주택연출이다.

을 걷지 않는다고 대답한다. 내 대답은 "이것은 일시적인 것입니다. 당신이 이 집을 팔지 못한다면 이사할 집을 구할 수 없습니다. 당신은 집을 파는 것이지 가구를 파는 것이 아니지 않습니까."라고 말한다. 구매자는 눈에 보이는 대로만 받아들이며, 그 집이 변하게 될 모습을 상상하지 않는다. 만약 바깥 조망이 좋지 않다면 채광만 가능하고 조망을 가릴 수 있도록 조치를 취한다. 대표적으로 불투명 유리가 있다. 새시유리를 불투명으로 처리하면 빛은 유입시키고, 조망은 가려준다.

만약 조망도 나쁘지 않고 남향 집에 빛도 잘 들어온다면 투명유리를 꼭 권한다. 그래서 충분히 빛을 받아들이고 멋진 조망도 보여주자. 금방 집이 팔릴 것이다.

03

음악 연출

가급적이면 집에 늘 음악이 흐르도록 한다. 방문객이 언제 올지 알 수 없기 때문이다. 듣기에 편안한 라디오 채널을 맞추고 낮은 볼륨을 유지하자.(하드록이나 지나치게 어두운 곡은 금물이다.)

음악은 인간의 뇌와 몸에 전파를 일으켜 심신을 평안하게 하고 정서를 안정화한다. 다양한 장르의 음악이 있지만 클래식은 인간의 뇌파에 좋은 영향을 미친다고 한다. 뇌파는 몸의 세포를 활성화하고 생성을 촉진한다. 특별히 모차르트 음악은 천재를 키우는 음악으로 많이 알려져 있지 않은가.(1993년 캘리포니아주립대학의 프랜시스 라우셔Rauscher 교수 팀의 실험 결과 모차르트의 음악을 들은 표본 집단이 음악을 듣지 않은 집단보다 공간지각능력에서 월등히 우수한 점수를 받았다는 데서 유래한 '모차르트 효과'를 떠올려 보자.) 그 핵심이 바로 '안점감'이다.

소리가 주는 안정감은 크다. 소리는 사람의 정서 발달에 매우 중요한 부분을 차지한다. 임신상태일 때 엄마가 좋은 음악으로 태교를 하는 이유가 바로 여기에 있다. 좋은 영향을 미치는 음악이나 소리의 기준은 개인차가 분명 존재하겠지만, 대체적으로 리듬이 단순하고 반복

적이며 강하지 않은 음악이 사람에게 안정감을 준다고 알려졌다. 강이나 계곡에서 들을 수 있는 졸졸졸 흐르는 물소리는 사람에게 평화감마저 선사한다. 비올 때 빗물이 떨어지면 감상에 젖기도 하고, 새가 지저귀는 소리로 상쾌한 기분을 느끼기도 한다. 또한 법당이나 성당의 종소리도 우리의 마음을 맑게 만든다. 소리가 주는 안정감은 구매자의 마음을 열게 한다. 바로 감성을 자극하는 연출이다.

04

화장실 변기 뚜껑은
항상 닫아 둔다

잠재 구매자는 다른 사람이 살고 있는 집의 변기내부를 굳이 보고 싶어 하지 않는다. 변기뚜껑은 올리지 말고 내려놓자. '뭘, 이런 것 가지고 난리'냐고 반문할 수 있다. 그럴 때 나는 이렇게 말한다. "잠재적인 소비자도 '왜 그런지 모른 채 그냥 그 집이 싫어'진다."고 말이다.

Photo
변기뚜껑만 내렸을 뿐인데 한결 정돈되어 보인다.

05 휴지통을 숨겨 놓는다

잠재적인 구매자는 휴지통이 눈에 보이는 것을 좋아하지 않는다. 그 안 쓰레기가 들어 있기 때문이다. 주택을 팔든 그렇지 않든지 간에, 쓰레기는 싱크대 아래, 수납장 안쪽 등 보이지 않는 곳에 치워두자.

휴지통을 청소하는 것도 중요하다. 집의 판매 유무와 상관없이 매일 청소하자. 대체로 많은 사람들이 비어있는 휴지통을 보면 기분이 좋아진다. 내 삶에서도 불필요한 것들이 청소되는 느낌이 들기 때문이다. "쓰레기가 적을수록, 스트레스도 적다!"

내가 고객에게 늘 수장하는 것은 집을 사고자 하는 사람들은 아주 작고 미묘한 것에 이유를 붙인다는 점이다. 때로는 그들이 왜 이 집이 마음에 들지 않는지 이유를 모를 때도 많다. 만약 그들이 휴지통을 본다면 무의식적으로 그 집이 잘 관리가 되지 않았다는 느낌을 받을지도 모른다. 쓰레기 비우는 것 같은 사소한 일로 집을 팔지 못하는 일이 생기면 곤란하지 않은가.

06
식물과 꽃 연출

식물과 꽃 또한 사람의 감성을 자극하는 힘이 있다. 식물이 관리가 잘 되지 않은 마당은 좋은 집을 형편없는 공간으로 만든다. 하지만 식물과 꽃 등으로 관리가 잘 된 마당은 가치 없는 집도 가치 있는 공간으로 만드는 힘이 있다. 외부의 모습만으로도 살고 싶은 공간으로 만드는 것이다. 이 공간에서 살아보고 싶다는 감성을 자극하는 것이다.

Photo
왼쪽의 사진은 관리가 잘 되지 않은 마당이고, 오른쪽 사진은 관리가 잘 된 마당의 모습이다. 집을 가치 있게 만드는 일이 반드시 돈으로만 해결할 수 있는 것은 아니다.

07

잠재 구매자에게
시간을 주자

잠재 구매자에게 개인적인 시간을 주자. 중개인이 집을 구경시키기 위해 걸음을 멈출 때 그들로부터 거리를 두어야 한다. 구매자는 당신의 집과 사랑에 빠질 수 있는 시간이 필요하며, 당신의 참견 없이 그것에 대해 중개인과 이야기 나눌 수 있어야 한다.

당신은 마당에서 거닐고 있으면 된다. 단, 구매자가 집을 구경하면서 던지는 질문에 대해서는 즉시 대답해 줄 수 있는 거리에 있어야 한다. 그들이 당신에게 다가오게 하는 것이다. 섣불리 당신이 그들에게 가지는 말자. 구매자가 당신의 집에 애정을 느끼면 그는 당신에게 질문을 할 것이고, 당신은 친절히 대답하면 된다.

자, 이제 감성을 자극하는 연출까지 끝났다. 이제 우리는 매매주택 연출 전후로 꼭 실천해야 할 일을 기억하며 잠재적인 구매자를 기다리면 된다.

PART 3 감성을 자극하는 연출

1. 매매주택연출 전 당신의 집을 위한 광고문 작성

자신의 집의 매력요소에 집중하기 위해 그 내용을 적어보는 것이 좋다. 당신의 집을 처음으로 본다고 상상하며, 집에 대한 광고문을 적어보자. 이제 당신의 집은 거래를 위한 주택이 되고, 나아가 당신이 팔려고 하는 상품이 되는 것이다. 다음의 예시를 참조하자.

> 1) 이 집은 멋진 전원주택과도 같은 느낌이 듭니다. 넓은 거실, 높은 천정 그리고 거실 앞 데크가 있고 나무가 많은 공원 같은 분위기입니다.
> 2) 프로방스스타일의 인테리어로 식구가 적은 가족에게 딱 알맞습니다. 최근에 주방가구도 모두 새 것으로 바꾸었습니다. 지하공간도 활용도 높게 이용할 수 있습니다.

매매주택연출 작업을 하기 전에 광고를 한다고 생각하면, 우리 집의 독특한 특징을 잘 살려낼 수 있다. 우리 집의 최대의 장점을 광고 문안을 작성하면서 찾아내는 경우가 많다.

2. 매매 전까지 매매주택연출이 된 주택의 관리

집이 팔릴 동안 매매주택연출 된 주택을 관리하는 일은 중요하다. 집에 반려동물이나 아기가 있을 경우에 더욱 그러하다. 당신은 집이 팔릴 때까지 어떻게 해야 할 지에 대한 계획을 미리 세워야 한다. 반려동물이 있다면, 동물병원에 잠시 맡길지, 옥외 공간을 마련할지 등에 관한 계획을 세우자. 반려동물과 헤어지는 기간은 잠시이고, 곧 새 집으로 이사할 것이기 때문에 심각하게 고민할 일은 아니다. 또한 자기 혼자 다 해야 한다고 생각하지 말고, 가족 모두를 참여시켜 재미있는 일로 만드는 것도 좋다.

PART 4

외부 매매주택연출 전략

01

외부공간 매매주택연출

외부 매매주택연출을 하기 전 당신의 집을 거리 저편, 멀리서 관찰해 보자. 당신이 구매자라고 생각하고 그 집을 처음 보는 것이라 상상하라. 무엇이 보이는가? 지붕 물받이 파이프가 너덜대지는 않는가? 마당의 상태는 어떠한가? 현관은 새로 페인트칠해야 하지 않을까? 당신은 몇 년 동안 보지 못했던 집에 대한 새로운 모습을 발견하게 될 것이다. 자신의 집을 객관적인 눈으로 평가해야 한다. 솔직히 대부분의 경우, 집을 구입한 후 집 외부를 보는 일은 거의 없다. 아침에 집을 나서서 차를 타고 일터로 간다. 귀가해서는 바로 집으로 들어가니 우리 집의 외부가 다른 사람에게 어떻게 보일지 생각할 일이 없다.

 구매자는 정직하고, 심지어 냉정하다. 그들은 당신의 집이 마음에 들어서 이사하는 상상을 하기 전까지 당신의 집에 대해 어떠한 애정도 없이 평가할 것이다.

 그러나 이제, 당신은 집을 팔고자 한다. 길 건너편으로 가서 제 삼자의 시선으로 집을 보아야 한다. 왜냐하면 바로 그 지점에서부터 차안의 중개인은 잠재 구매자에게 당신의 집에 관해 설명할 것이기 때문이다.

고객은 차에서 내려 집을 자세히 볼지, 아니면 그냥 다른 곳으로 이동하자고 얘기할지 당신의 집을 바깥에서 본 인상만으로 결정할 것이다.

"첫인상이 좋지 못하면 두 번째 기회란 없다"는 말을 들어본 적이 있는가? 당신은 잠재 구매자를 차에서 내리게 할 수 없을지는 모르지만, 매매주택연출은 그들을 '유인'할 수 있다. 집의 외부가 적절히 연출되지 않았다면 그들은 당신의 집을 볼 가치도 없다고 생각할지 모른다. 잠재 구매자는 당신의 집이 너무 작은데 가격은 지나치게 비싸다고 생각할지도 모른다. 단지 창문 너머까지 자란 나무, 혹은 너무 많은 나무가 당신의 집을 가리고 있다는 이유만으로.

기억하라. 당신이 집의 내부를 보일 수 없다면 팔 수도 없다! 만약 구매자가 차에서 내리지 않는다면 당신은 집을 팔 기회를 가질 수 없다. 페인트가 벗겨져 있고 잡초가 무성하다면 잠재 고객은 당신의 집에서 크게 뒤로 물러서게 될 것이다. 내부가 아무리 좋더라도 말이다. 그러므로 내·외부 모두 매매주택연출을 해야 한다. 당신의 집이 넓은 부지에 있든 좁은 도시의 부지에 있든지 간에 '연출'은 필요하다. 모든 부분에 다 신경을 써야 한다. 매매주택연출의 핵심은 상품화이며, 전체를 모두 상품화하는 것이 핵심이다.

페인트, 지붕, 지붕배수관 등의 상태를 점검하자. 정원의 나무를 손질하자. 쓰레기통 및 폐 나무조각을 옮기자. 모든 식물 주변에 잡초를 제거하고 뿌리덮개를 만들자. 잔디를 깎아주고 비료를 주라. 데크에 있는 물건들을 정리하라. 덜 끝낸 정원의 작업들을 마무리 하라. 이제 시작해보자.

02

매매주택연출 된 주택의 매매

매매주택연출은 집에 긍정적인 에너지를 불어 넣으며, 집이 팔리기 위한 기운을 얻게 한다. 매매주택연출은 경기가 좋을 때 더 큰 이익을 남기며, 경기가 좋지 않은 때는 다른 집이 팔리지 않아도 당신의 집은 팔릴 수 있도록 해준다. 돈을 많이 쓰는 일이 아니다. 매매주택연출은 쉽고, 재밌고, 상식적인 연출 방법을 찾기 위한 창의적인 활동이다. 분명히 투자를 해야 하는 부분이 있지만, 창의적인 아이디어가 가장 큰 투자이며 그렇게 하는 것에 돈이 크게 들지는 않는다. 당신이 신경 써야 할 '돈'이 있다면 그것은 오로지 집을 팔 때 당신이 얻는 '이익'이다.

당신의 집은 당신이 잊고 있거나, 숨겨놓은 보물을 갖고 있다. 다시 말해, 당신은 소용없다고 생각하지만 연출 과정에서 마법처럼 사용될 수 있는 물건들이 당신의 집에는 이미 많이 있다는 의미다. 앞으로 창의적인 에너지, 기발함, 인내, 그리고 노력이 어떻게 주택의 매매에 있어 깜짝 놀랄 만큼의 가격 차이를 만드는지 알아볼 것이다.

지저분한 이웃집 사례

매매주택연출을 하다보면 우리 집은 괜찮은데, 주변의 지저분한 이웃집 때문에 우리 집의 매매에 악영향을 주는 사례도 있다. 당연한 말이지만, 우리 집 외에 다른 집까지 바꿀 수는 없다.

한번은 도심에 있는 단독주택의 매매주택연출을 한 적이 있었다. 고객의 집, 즉 '우리 집'과 '이웃집'에는 담이 없어서 그 집의 건물외벽이 우리 집 거실에서 바로 보이는 구조였다. 이웃집 외벽이 엉망인 것이 문제였다. 그래서 이웃집에 양해를 구하고, 우리 집 거실에서 보이는 시야부분에 해당하는 면적의 이웃집 외벽을 페인트칠했다. 분명히 이웃집 벽은 '우리 집'의 것도 아니고, 이웃집에서는 자신의 외벽을 볼 수도 없지만, 우리 집 입장에서는 가장 눈에 띄는 외부공간이었기 때문이다.(여담이지만, 이웃집 외벽 페인트 작업 이후 '그 집'은 바로 매매되었다.)

텅 빈 회색 주택의 사례

처음 찾아 갔을 때 그 회색 집은 몇 년 째 비어 있었고, 부동산시장에 내놨지만 팔리지도 않았다. 그 집의 내부공간은 그런대로 괜찮았는데, 문제는 외부였다. 우선 외부화장실로 인해, 마당이 지저분하고 쓸모없는 공간이 되어버렸다. 가장 큰 문제였던 2층 베란다 공간에 콘크리트 물탱크와 FRP 물탱크로 인해 베란다 공간을 거의 활용하지 못하고 있었다. 문제의 그 공간은 나의 제안으로 그 집의 운명을 완전히 뒤바꾸어 놓는 변수가 되었다.

Photo
분명 같은 공간이 맞다. 매매주택연출은 우리 집의 장점을 마법과도 같이 이끌어내어 보다 좋은 가격에 매매가 이루어지게 한다.

외부 화장실은 부분철거해서 비가 와도 쉴 수 있는 예쁜 정자로 만들었고, 2층 베란다에 있는 물탱크들은 90% 정도 철거하고 남은 부분에 데스크를 만들어 넣어 쉴 수 있는 공간으로 활용하게 했다. 그 집은 매매주택연출을 한 후 훨씬 높은 가격에 바로 팔렸다.

절대로 팔릴 것 같지 않았던 주택의 사례

처음 찾아 갔을 때 그 집의 외벽은 페인트마감으로 되어 있고 2층 베란다에는 오래된 금속 난간이 있었는데, 상태가 매우 엉망이었다. '결코 팔릴 것 같지 않은' 집이었다. 더구나 집주인은 매매주택연출에 투자할 돈이 없다고 못 박았다. 그래도 외벽과 금속난간에 페인트칠만 해 보자고 설득하여, 가까스로 페인트 작업만 할 수 있었다.

그런데 작업을 다하고 나니, 이번에는 집주인이 오히려 욕심을 내곤 외벽에 부분적으로 목재로 디자인 시공을 요구했다. 그래서 추가적으로 목재작업을 했고, 이후 이 집은 일주일 만에 팔렸다. 물론 제값다 받고 말이다.

경기가 좋을 때든 그렇지 못할 때든지 간에, 매매주택연출은 효과가 있다. 잠재 구매자는 눈에 보이는 것만 보며, 앞으로 바뀔 집의 모습을 상상하지 못하기 때문이다. 그러니 최대한 집의 좋은 점을 '보이도록' 연출해야 한다.

03

주택 외부
매매주택연출 공식

주택 외부 및 정원 매매주택연출을 위해 내가 가장 즐겨 쓰는 방식은 덧문(셔터), 정원, 조경, 그리고 페인트이다. 이것들이 합쳐져 당신의 집은 완전히 변신할 수 있다.

덧문(셔터shutter)

나는 덧문이 주택의 변신을 크게 좌우한다고 생각한다. 나는 집을 보면 먼저 뒤로 물러서서 창문을 본다. 그리고 덧문이 필요한지 상상한다. 덧문은 창문의 크기를 크게 보이게 하고, 편안함을 만든다. 또한 동화 속에 나오는 집을 상상하게 만든다. 덧문은 적은 비용으로 주택에 매력을 심어 주는 방법이다. 또한 창을 없애고 난 자리에 덧문을 붙이면 외벽의 다른 재료로 인한 이질감을 없앨 수 있다.

식물이 있는 정원

집 외부의 매매주택연출 시 마당을 새롭게 손질하는 것이 좋다. 특히 정원의 나무가 죽어가고 허전할 때는 매우 중요하다. 아름답고 건강

하고 풍성하게 보이는 식물을 선택하자. 잠재적 구매자는 아름다운 집을 선택한다는 당연한 사실을 잊지 말아야 한다.

집의 가장자리에 고·중·저의 조화를 맞추어 식물을 심어보자. 모아 심되, 배열을 자연스럽게 하자. 집의 가상자리에 큰 나무가 있다면 바깥쪽으로 옮기자. 그래야 집이 더 넓어 보이기 때문이다. 마당 한가운데에 나무를 심지 말 것. 집을 반으로 나뉘어 보이게 하기 때문이다.

전체 조경 : 잔디, 관목 및 나무

우리 집 외부의 모습을 전체적으로 진지하게 살펴보자. 조경도 마찬가지. 조경은 잠재 구매자의 심리에 중요한 영향을 미친다. 몇 년 전에 심은 나무가 지붕 위까지 자랐는가? 그늘이 되어 주었던 나무가 이제는 음침한 분위기를 만드는가? 식물은 너무 빨리 자라서 때로는 얼마나 컸는지도 감지할 수 없다. 손질을 하자. 이것이 구매자를 부르는 방법 가운데 하나다. 그것만으로도 집의 인상이 달라 보이기 때문이다.(수더분한 머리를 말끔히 자른 남성의 모습을 상상해 보면 된다.)

지면에 닿을 정도로 나무를 지나치게 많이 깎을 필요는 없다. 대부분의 경우 약간의 가지치기나 줄기제거만으로도 효과가 있다. 모든 나무를 집의 창문 아래 높이까지 가지치기 하자. 그래야 집이 잘 보이고 빛이 방으로 들어간다. 이렇게 함으로써 집 안에서 보이는 바깥 조망도 좋아진다. 식물은 위에서 아래로, 나무는 아래에서 위로 손질하면 된다.

나무와 관목은 집에 예쁜 액자를 만드는 것과 같은 효과가 있다. 잘 다듬어져 있지 않으면 이것은 집 안을 어둡게 할 수 있다. 빛이 충만한 집은 구매자가 가장 원하는 것이다. 구매자는 늘 빛이 잘 들어오는 집을 요구한다. 그들은 집안에 따뜻한 빛을 원한다. 필요하다면 나무 안에 공간을 만어서 조망을 좋게 하거나, 가지 사이로 바람이 잘 통할 수 있도록 하자. 대부분의 경우 가지를 치면 나무는 더 잘 자란다. 그리고 꽃이 피는 나무라면 수년 내 꽃이 필 것이다. 당연히 죽은 식물, 관목 그리고 죽은 꽃들은 마당에서 치워버리자.

풍성한 초록의 식물이 많은 아름다운 마당의 집에 어떤 이가 들어가고 싶지 않을까. 잔디는 자라는 기간에 맞추어 매주 깎아주어야 한다. 꽃밭을 갈아엎어 잡초를 뽑자. 그리고 울긋불긋한 꽃을 심자. 집이 매력적으로 바뀐다.

집을 팔고 싶다면 정원의 흙을 숨겨야 한다. 부드럽게 간 갈색 나무껍질로 뿌리 덮기를 한다. 이것은 풍성한 녹색 식물에 잘 어울리고 식물 주변에 시각적으로 무대를 마련하는 것과 같다. 사는 지역에 바람이 많다면 굵게 간 나무껍질을 사용하여 바람에 날아가지 않노톡 하사.

경우에 따라서는 바위나 돌 등으로 흙을 덮는데 사용한다. 자신의 생활에 맞게 사용재료를 선택하면 된다. 아름다운 나무껍질, 솔잎, 돌, 현무암 등은 아주 좋은 마감 재료다.

그리고 이제 마무리다. 잔디, 담쟁이, 각 나무의 흙 덮개를 잘 마무리하자. 이런 부분이 주택매매에 큰 도움이 된다. 깔끔한 마무리는 자신의 집이 얼마나 잘 관리되었는지를 잘 말해 줄 것이기 때문이다.

페인트

현재 집의 외부가 어떤 색인가? 외벽의 컬러는 끌리는 색, 다시 말해 구매자를 맞이할 수 있는 색이어야 한다. 개인적으로 추천하는 컬러는 화이트, 크림, 베이지, 라이트 그레이, 혹은 소프트 옐로우다. 브라운 등의 어두운 컬러는 집을 더 작아 보이게 만든다.

  페인트 가게에 가서 샘플집이나 여러 컬러를 제안해 놓은 팸플릿을 보고 아이디어를 얻을 수도 있다. 이런 것을 건물 외벽에 갖다 대 보고 전체 모습을 상상해보자. 집 외벽의 사진을 찍어서 포토샵으로 컬러를 입혀보는 것이 가능하다면, 더욱 좋다. 외벽에 컬러를 3가지 넘게 쓰지는 말라. 집이 라이트 그레이면 덧문을 화이트로, 현관을 브라운 컬러로 칠해보자. 만약 예산이 충분치 않다면 현관, 창문 가장자리, 우수관(옥상 배수관)만이라도 페인트칠을 하자.

  페인트 비용은 많은 부분이 인건비다. 따라서 필요하다면 친구나 가족에게 도움을 요청해 비용을 많이 절감할 수도 있다. 페인트는 비용대비 효과가 매우 크고, 주택매매에 있어 수익을 올릴 수 있는 효과적인 공사임을 기억하자.

04

주택 외부 매매주택연출 점검사항

집 외부의 매매주택연출 시 다음의 사항에 초점을 맞추는 것이 좋다. 각 단계를 완성함으로써 당신은 더 많은 이익을 남기고 집을 팔 수 있다. 시장 상황에 관계없이 말이다.

① 대문

잠재적인 구매자가 매매주택에 앞서 맨 처음 보게 되는 것이 바로 대문이다. 대문은 집을 들어가는 첫 관문이다. 물론, 기존 대문에 칠을 하는 것만으로도 집에 대한 이미지가 좋아진다. 도색만으로 도저히 힘든 집은 교체도 고려해 보아야 한다. 기성품 대문으로 교체하려 했다면 가격에 깜짝 놀랄 수 있다. 대문 같은 경우는 기성품보다는 현장에서 제작해 만드는 것이 더 저렴할 수 있다.

② 담장

당신의 집을 보러온 잠재 구매자가 차에서 채 내리기 전에 먼저 시선이 가는 곳 중 하나가 바로 담장이다. 담장의 상태를 보고 건물전체의

① 대문

Photo

사진 속의 대문들은 '갈바'라는 금속재로 뼈대를 잡고 방부목으로 마무리를 하고, 방부목 위에 스테인칠을 해서 원하는 색으로 마감했다. 그래서 기성품 대문보다 50% 더 저렴하게 대문을 만들었다.

② 담장

Photo

왼쪽 사진 속의 주택은 기존 담장에 칠을 하고 금속파이프로 높이를 올리고, 금속파이프에 검정색 에나멜칠을 해서 백색담장과 조화를 맞추었다. 오른쪽 사진 속의 주택 역시 기존 담장에 칠을 하고, 이번에는 방부목으로 담을 조금 더 올렸다. 백색 담장과 방부목 소재가 꽤나 잘 어울린다.

상태를 판단하는 경우도 많다. 그것을 알기에 깨끗하게 보이기 위해 블록이나 벽돌 등으로 새롭게 담장을 만들고 싶지만, 기존 담장을 허물고 새롭게 만들기가 영 만만치 않다. 비용도 들지만 주변 이웃의 시선도 부담스럽다. 그럴 때는 담장도 깨끗하게 페인트칠로 마감하자. 방범을 위해 추가적으로 금속이나 목재로 높이를 올릴 수도 있다.

또한 담장에 가로로 생긴 균열은 위험하니 반드시 가로균열 부분은 보강을 하든지, 새롭게 담장을 세우든지 해야 한다. 담장을 없애는 것도 좋은 대안이 될 수 있다. 담장을 철거하고 주차장을 만들면 구청에서 철거비용을 지원해준다.

③ 지붕

길가에서 볼 때 평지붕은 어떤 형태이든 지붕의 모습이 노출되지 않는다. 그래서 평지붕은 옥상방수 작업만 하면 큰 문제가 없다. 문제는

③ 지붕

Photo
기와지붕은 외부벽체를 지붕에 어울리게 만들면 한옥의 느낌을 연출할 수 있다. 거기에 물받이 등을 추가적으로 설치해서 기능성도 높이자.

경사지붕이다. 경사지붕의 재료나 노후 정도에 따라 집 전체 이미지에 많은 영향을 미친다. 지붕의 마감재를 금속기와나 아스팔트 슁글 등으로 교체하면 좋겠지만, 이 역시 많은 비용이 소요된다. 하지만 기존 지붕이 기와지붕이라면 외부벽체의 디자인을 그에 맞게 만들어내 한옥 느낌의 주택으로 연출할 수도 있다. 문제는 슬레이트지붕이다. 슬레이트지붕은 비용이 좀 들더라도 교체를 하는 것이 좋다. 철거비용은 구청이나 군청에서 지원받을 수 있다.

경사지붕 및 지붕 배수관에는 쓰레기나 이끼를 없애는 것이 좋다. 지붕 높이의 나무는 가지치기를 잘 해서 지붕에 동물, 곤충 및 나뭇잎이 없도록 관리하는 것도 중요하다. 이러한 이물질들이 배수관을 막아서 집의 누수를 일으키기 때문이다. 평지붕도 마찬가지다. 우수관 주변을 잘 관리해야 한다. 물론 방수 상태를 점검하는 것은 기본이다.

Photo
슬레이트지붕은 사실 골칫거리다. 오른쪽 사진처럼 우레탄품으로 방수처리는 할 수 있겠지만, 보기가 좋지 않다. 단층주택이고 저지대에 있는 주택이라 지붕이 유난히 잘 보이는 건물이라면 교체를 신중히 고려하자.

④ 처마

보통 1980년대 초반에 지어진 주택은 처마 아래가 목재로 마감되어 있다. 처마에 붙어있는 목재 상태가 괜찮다면 좋겠지만, 대부분 그렇지 않다. 처마아래 마감이 시멘트미장이 되어 있다면 페인트칠만으로도 충분히 집을 깨끗하게 연출할 수 있다.

Photo
왼쪽의 사진은 기존 처마 목재 위에 5mm 미송합판을 바로 붙인 경우다. 시공이 간편해서 비용이 적게 들고, 비교적 미감이 깨끗하다. 오른쪽 사진은 시멘트 미장 위에 페인트칠만 다시 한 경우다. 군더더기 없이 깨끗하다.

⑤ 주택외벽

담이 낮은 주택의 경우 길가에서 바로 볼 수 있는 것이 주택외벽. 사실 대부분 대문을 열고 마당으로 진입하면 제일 먼저 보이는 것이 바로 주택외벽이다. 그리고 대부분의 잠재적 구매자는 외벽 상태에 가장 민감하다. 건물의 노후화를 알아채는 가장 결정적인 곳이 바로 외벽

Photo

왼쪽 사진 속의 주택은 외부벽돌마감 상태가 매우 양호해서 그대로 두고, 새시를 교체한 것만으로도 아주 자연스럽고 중후한 주택이 되었다. 오른쪽 사진의 경우 벽돌 위에 페인트칠만 다시 했을 뿐인데 지저분한 외벽이 깨끗하게 마감되었다. 떨어져 나간 벽돌 자리에 같은 크기의 벽돌을 살짝 붙이고 칠을 하니 기존에 떨어져나간 자리가 눈에 띄지 않는다.

Photo

왼쪽 사진은 기존 외벽에 파벽돌을 붙였다. 기존 외벽 상태가 안 좋아 시멘트미장을 한 번 하고 파벽돌을 붙였다. 기존 외벽면 상태에 따라 부수적인 작업을 해야 할 수도 있다. 오른쪽 사진 속 집은 경주에 있는 단층주택인데, 경주의 전체적인 도시 분위기를 고려해 전면부를 방부목으로 마감했다. 지붕까지 기와지붕으로 하면 더 좋겠지만, 비용 상의 문제로 전면에 보이는 외벽만 방부목으로 마감하고 스테인칠을 했다.

Photo
위 사진 속의 주택들은 전체 마감재를 교체하기에는 비용 상의 부담이 커서 현관주변부만 부분적으로 방부목 디자인 마감을 했다. 왜 하필 방부목이라 묻는다면, 방부목이 ①외부에 노출되어도 목재가 상하지 않고 ②다양한 색으로 칠을 할 수 있고 ③시공이 비교적 간편하며 ④시공비용이 비교적 적게 들기 때문이다.

의 마감이기 때문이다. 외벽은 기존 상태에 따라 다양한 방법으로 연출해야 한다. 기존 마감재를 그대로 살릴 수도 있고, 칠을 할 수도 있고, 경우에 따라서는 다른 마감재를 덧붙일 수도 있다. 이제 본격적으로 디자인 아이디어를 짜내어야 할 시점이다.

위 사진들처럼 나양한 방식으로 외벽을 마감할 수 있시만, 건물의 외벽은 페인트칠만으로도 완전히 다른 건물로 연출할 수 있다. 벗겨진 페인트를 다시 복원하는 일이 가장 기본이다. 다른 마감 재료를 선택한다면, 비용의 문제가 발생한다. 비용이 많이 드는 보수공사는 매매주택연출의 의도와 맞지 않는다. 우리는 최소의 비용으로 최대의 효과를 거두어야 한다.

⑥ 덧문

외벽을 디자인하기 위해 한 가지 더 '팁'을 제공한다면, 바로 덧문 설치다. 덧문은 외벽 창문 주변을 더 예쁘게 만들기 위한 디자인 요소가 될 수도 있고, 기존 창을 막았을 경우 외벽 마감재로의 기능을 하기도 한다. 덧문은 적은 비용으로 주택의 품위를 높이는 좋은 방법 중 하나다.

Photo
왼쪽 사진 속의 덧문은 기존 창을 막고 외부에서 덧문으로 색다르게 디자인 마감을 한 경우다. 시멘트 미장이나 다른 종류의 벽돌로 어색하게 마감하는 것보다 훨씬 보기 좋다. 오른쪽 사진의 경우 외부 창을 새시 대신 금속재로 만든 창문을 설치한 경우다. 붉은 벽돌 마감재에 어울리지 않는 백색새시 대신 검정색의 금속새시가 집을 더욱 고급스럽게 만들었다. 이것이 바로 덧문의 기능이다.

⑦ 2층, 옥상 난간

2층 또는 옥상난간은 건축법규상, 그리고 안정상 설치하기는 하지만, 사실 더 중요한 것은 건물전체 디자인에 미치는 영향이다. 난간의 형태가 건물의 이미지와 맞지 않으면 건물전체가 조잡해 보이기도 한다.

Photo
왼쪽 사진은 금속난간에 검정색 에나멜칠을 한 경우고, 가운데 사진은 난간 전체를 방부목으로 입히고 스테인칠을 한 경우다. 오른쪽 사진은 기존 난간에 페인트칠만 한 경우다.

⑧ 데크 공간

주택의 내부공간에서 외부공간으로 나가는 새시나 현관문 근처에 데크를 설치하는 것은 많은 잠재 구매자의 '로망'을 현실로 만들어 주는 작업이다. 데크는 하부에 금속 각파이프로 하지를 잡고 방부목으로 마감하는 형태가 대부분이다. 데크를 설치하기 위한 비용은 생각보다 적게 든다.(보통 200~300만 원내에서 해결할 수 있다.)

만약, 야외 가구가 있다면 매력적인 휴식 공간을 연출해보는 것은 어떨까. 테이블 및 화덕 주변에 앉을 곳을 마련하자. 그러면 잠재적 구매자는 그 공간이 유용하다는 사실을 알게 된다. 구매자에게 말로 이야기하기보다는 실제로 연출해 보여주는 것이다. 이것이 매매주택연출의 본질이다.

Photo
위 사진처럼 마당이 길쭉한 주택인 경우 더욱 데크 공간의 가시성이 위력을 발한다. 외부모습만으로도 전원속의 내 집을 얻은 듯해 보이기 때문이다.

간혹 작은 변화가 집 전체 이미지에 큰 변화를 일으킨다. 데크에 필요한 세척이나 페인트칠을 함으로써 먼지, 이끼, 곰팡이를 제거 할 수 있다. 매일 쓸어 내자. 공간이 넓어 보이도록 하기 위해 물건들을 줄이기도 해야 한다. 꽃병, 바비큐그릴, 연료, 비료, 스포츠장비, 건축자재 등 불필요한 가구를 없애자.

⑨ 현관문과 현관입구

대문이 길에서 주택으로 들어가는 첫 관문이라면, 현관문은 마당에서 집 내부공간으로 들어가는 첫 관문이다. 현관문뿐만 아니라, 현관입구 벽이나 바닥재에 따라 주택의 느낌은 완전히 달라진다. 사람에게도 첫인상이 중요한 만큼 주택에서도 첫인상이 중요하다.

집을 깔끔하고 좋은 상태로 보이기 위해 현관을 페인트칠하거나 컬러를 바꿔보자. 현관은 집의 입구다. 다시 말해, 잠재 구매자에게는 미래 자신의 집 입구인 것이다. 또한 집을 꾸미기 위해 가장 적은 돈이 드는 영역이기도 하다. 구매자가 현관의 첫인상을 어떻게 느끼느냐에 따라 앞으로 자세히 집을 볼 것인지 여부를 결정한다고 볼 수 있다.

Photo
왼쪽 사진 속의 집은 현관입구 바닥과 벽을 방부목으로 처리하여 주택 전체에 안정감을 주었다. 벽돌과 나무는 참으로 언제나 잘 어울리는 재료이다. 오른쪽 사진 속의 집은 현관입구 바닥을 타일로 마감하고 현관문 주변부 테두리만 목재로 마감했다. 입구 처마가 짧아서 '어닝'을 추가적으로 설치했다.

대체로 나는 화이트, 레드, 블랙, 다크 그린 등의 현관 컬러를 추천한다. 물론 특별한 룰이 있는 것은 아니다. 현관 입구에 컬러를 더하고 구매자가 살펴보기에 너무 많은 장식물들은 다 치우자. 우리는 구매자가 집에 집중할 수 있게 해야 한다. 입구를 너무 복잡하게 하는 사철나무, 관목, 혹은 길에서 볼 때 진입로를 막는 나무도 없애자.

⑩ **잔디와 나무**

마당공간을 꾸민다는 것은 마당 있는 주택을 꿈꾸는 많은 잠재적 구매자에게는 기쁨이다. 단독주택으로 이사 가려는 가장 큰 이유가 바로 마당 때문인 경우가 많다. 하지만 마당을 어떻게 꾸며야 하는지 엄두가 나지 않는다. 비용도 많이 들 것 같고, 조경전문가를 불러야 할 것 같다. 그렇지만 도심 속 자그마한 단독주택에 조경전문가까지 부르기는 왠지 부담스럽다. 그런데 이것 하나만은 알아두자. 마당에 심는 나무만 제외하면, 마당 꾸미는 일이 가장 쉽고 비용이 적게 든다는 사실. 그리고 가장 큰 효과를 볼 수 있기도 하다.

만약 당신의 집이 잘 팔리지 않는다면 나무를 손질하라. 혹시 잠재구매자가 당신 집의 매매가가 너무 높다고 하면 나무를 손질하라. 부동산 중개인들이 당신이 집의 매매가를 너무 높게 책정했다고 하면 나무를 손질하라. 구매자가 당신의 집을 볼 수 없다면 판매할 수도 없다. 나무 깎는 기계를 가지고 나뭇가지를 쳐라. 그렇게 해서라도 집의 진짜 가치만큼의 금액을 받아야 한다. 천연잔디라면 잔디도 늘 관리되어야만 한다. 게으른 사람은 결코 좋은 가격에 집을 팔 수가 없다. 명심하라.

⑪ **차로, 인도**

자동차 진입로의 청소상태를 확인하고 기름얼룩 등을 제거해야 한다. 돌로 포장된 진입로의 경우 새롭게 갈고, 잡초를 뽑고, 다시 돌을 놓는 작업을 하면 신선한 인상을 줄 수 있다. 잠재 구매자는 자동차 진입로,

> **Photo**

왼쪽 사진 속의 집은 건물을 볼 수 없을 만큼 나무들이 무성하게 자랐던 곳이었다. 이곳에 있는 나무들 가운데 70%는 제거하고 사람이 다니는 길에 디딤돌을 놓았다. 그리고 주변에 있던 바윗돌은 그대로 자연스럽게 놓아둔 상태에서 천연잔디를 깔았다. 잔디비용은 시공비를 제외하면 평당 2만 원 이하다. 이만하면 할 만한 작업 아닌가? 오른쪽 사진 속의 집은 데크를 설치하고 남은 공간에 인조잔디를 깔았다. 천연잔디가 오히려 비용이 더 적게 들고 자연스럽지만, 건물 주인이 잔디 관리할 시간적 여유가 없다고 하여 찾아낸 묘책이다. 그리고 앞쪽의 바윗돌과 뒤쪽의 나무는 그대로 두었다.

> **Photo**

위 사진속의 집들도 바윗돌과 나무들을 그대로 둔 채 잔디만 새롭게 시공한 경우다. 단독주택에서 오랫동안 생활한 대부분의 집주인들은 감각이 무디지 않다. 약간의 육체노동으로 마당은 새로워지고, 집은 더 좋은 가격에 매매가 된다.

인도 등의 청소상태도 은연중에 살핀다. 결국 이곳이 집으로 들어가는 길이기 때문이다.

　사람들은 중개인의 차에서 내려 집안으로 가는 길이 마치 런웨이 무대처럼 기분 좋기를 바란다. 당신의 집으로 향하는 길이 짧더라도 나뭇잎, 깨진 인도, 돌이 빠져 있는 길, 개나 고양이 똥 등으로 인해 조심조심 발밑을 살피며 걸어야 한다면 기분이 좋지 않을 것은 당연하다.

⑫ 차고

차고는 잘 청소해서 정돈되어야 한다. 차고의 일부, 혹은 전체 공간을 물품 보관을 위해 사용하는 것은 괜찮지만 늘 정리정돈은 되어 있어야 한다. 차고의 작업대는 잡동사니 없이 깨끗해야 한다. 그래야 구매자가 앞으로 자신이 작업하는 모습을 상상할 수 있다. 집이 팔릴 동안 차고의 문은 항상 닫아 두자. 창고로 사용하고 있지 않다면 차를 차고에 보관하자. 차량 진입로가 아닌 차고에 말이다. 그래야 소비자는 자신의 차가 주차된 모습을 상상할 수 있다. 차고가 깨끗하고 필요하다면, 전구를 더 설치하여 충분한 밝기를 확보하자. 충분히 가치가 있다. 차고가 없다면 모를까, 있다면 잠재적 구매자가 보지 않고 집을 팔 수는 없는 노릇이기 때문이다. 장비, 페인트 통 등으로 넘쳐 난다면 구매자는 실망할 것이다. 냄새가 나도 마찬가지. 차고에서 정유공장에서 나 날 법한 냄새가 나는 곳도 봤는데, 이런 냄새는 구매자를 밖으로 내쫓는 일이다.

⑬ 마지막으로

매매주택연출을 성공적으로 하기 위해 불가피하게 공사를 진행해야 한다면, '외부공간에 공사비용을 투자하는 것'이 좋다. 외부공간은 내부공간에 비해 비교적 공사비용이 적게 들고, 가시적인 요소가 크기 때문이다. 많은 잠재적 구매자들이 내부공간에는 일정부분 공사비용을 들일 생각을 하는 경우가 많지만, 외부공간은 그렇지 않다. 뿐만 아니라, 외부공간을 꾸미는 것이 비용이 더 많이 발생한다고 생각한다. 그러니 매매를 위해 외부공간에만 투자하는 것도 좋은 전략이 될 수 있다.

PART 5

내부 매매주택연출 전략

01
내부공간 매매주택연출

① 거실

구매자는 넓은 공간을 선호한다. 커피 테이블을 포함하여 모든 테이블을 치우자. 그런 다음 '3의 규칙' 혹은 '고, 중, 저의 규칙'으로 다시 장식하자. 3의 규칙은 간단히 말해 대체로 3개의 물건, 혹은 홀수가 가장 보기 좋다는 의미다. 커피 테이블 위에 하나, 혹은 세 권의 잡지만 올려놓자. 재떨이는 모두 치우고, 불필요한 가구를 없애고 쿠션도 하나, 혹은 세 개만 남겨두고 모두 치우자. 바닥에서 스테레오 장비를 없애

Photo
없애자, 깔끔하게 없애자!

자. 가족사진은 미리 이삿짐 박스에 넣어놓자.

잠재 구매자는 공간의 크기와 조도에 영향받는다. 당연히 복잡해 보이거나 좁은 거실을 좋아하지 않는다. 복잡한 거실은 에너지가 부족하다. 당신이 어지러운 물건들을 없애면 에너지는 회복된다.

② **주방**

잠재 구매자에게 복잡하지 않은 깨끗한 주방이 더 넓어 보이고, 내 집 같은 편안함을 느끼게 한다는 것은 당연지사. 최근의 소비자들은 주방을 가장 중요하게 여기는 경향이 있다. 특히 여성 소비자는 더욱 그렇다. 당신이 집을 살 때도 마찬가지로 생각할 것이다. 싱크대에 나와 있는 그릇, 복잡한 창가, 요리책이 수북이 쌓인 선반 등은 구매자의 시선을 분산시킨다.

3개월 동안 쓰지 않았던 물건은 모두 치우자. 캠핑을 간다고 상상하면 된다. 당신이 캠핑을 간다면 커피원두 그라인더를 가지고 갈까? 남은 원두를 미리 갈아 보관하고 그라인더는 집이 팔릴 때까지 치워두자. 대부분 주방에 너무 많은 소형 가전기기를 가지고 있다. 없애자. 사용하지 않은 채 쌓아만 둔 물건이라면 필요한 다른 사람에게 주거나, 미리 이삿짐을 싸놓자. 당신이 정말로 소중히 여기는 앤틱 그릇 세트, 예쁜 머그컵, 아기자기한 조미료 용기세트 등 이 모든 것을 다 없애라.(무조건 버리라는 것이 아니다. 시야에서 눈에 거스르지 않게 정리하라는 것이다.) 이런 것들이 구매자의 시선을 분산시키기 때문이다. 당신은 주방을 파는 것이지, 물건을 파는 것이 아니지 않나. 창가에는 하나, 혹은 세

개의 항목을 제외하고 모두 없애라. 작고 파릇파릇한 화분 하나, 작은 소품 한두 개 정도가 가장 좋다.

타일, 테이블의 손상된 부분을 수리하자. 타일줄눈에 때가 끼어있다면 광택제로 제거하거나 백시멘트를 다시 바르자. 병, 캔 등의 용기는 없애고 그 자리에 블루나 옐로 색감의 그릇을 놓자.

쿡탑, 오븐, 후드 등의 전자제품도 깨끗이 청소하자. 면봉이 유용하다. 특히 후드에 낀 끈적끈적한 기름때는 깔끔하게 제거하는 것이 좋다. 휴지통 및 음식물 쓰레기를 자주 비워 주방의 냄새를 제거하자.

이제 냉장고 차례다. 대부분의 사람들과 마찬가지로 냉장고는 각종 사진, 자석, 그림, 요리법 등이 복잡하게 붙어있을 것이다. 다 없애라. 냉장고 표면에는 아무것도 붙어있지 않는 것이 좋다. 아이가 그린 그림 한두 개 정도만 남기고 나머지는 다 버리자. 정말 필요한 것이 있다

면 냉장고 측면에 붙여두자. 냉장고 위도 방심할 수는 없다. 제발, 냉장고 위에 물건을 올리지 말자. 누가 볼까 싶겠지만, 잠재 구매자들 눈에는 다 보인다.

주방의 창문 및 벽도 깨끗해야 한다. 필요하다면 페인트칠을 다시 하는 것이 좋다. 적은 투자로 높은 이익을 얻을 수 있다는 점을 명심하자. 식탁 주위의 불필요한 의자가 있다면 치우자. 이렇게 하면 주방이 훨씬 넓어 보인다.

냉장고 내부도 청소해 놓는 편이 좋다. 웃기게 들릴 수도 있겠지만, 구매자가 열어 볼 수도 있다.(실제로 이런 사람들이 있다.) 남은 음식을 다 치우자. 잠재 구매자는 냉장고 안도 앞으로 그곳에서 생활할 자신의 모습이 반영된다고 생각하기 때문이다. 내·외부가 깨끗한 냉장고가 주택매도에 도움이 된다는 사실만 명심하자.

싱크대를 항상 깨끗이, 그리고 늘 비워두자. 주방의 수도꼭지에 물때가 끼어있지는 않은지, 부드럽게 작동되는지, 잠근 상태에서 물이 떨어지지 않는지도 확인하자. 세제, 수세미, 식기 건조대, 행주 등은 싱크대 밑에 보관하자.

집이 팔릴 때까지 주방을 언제나 깨끗하게 유지하자. 매일 그렇게 해야 한다. 집을 살 구매자나 중개인이 언제 올지 모르기 때문이다. 주방 바닥도 항상 깨끗하게 유지하자.

잠재 구매자는 조명이나 자연광으로 밝은 주방에 좋은 인상을 받는다. 또한 문이 부서진 식기세척기, 쿡탑, 수납장, 물이 새는 수도꼭지, 복잡한 외관의 메모판과 냉장고 등에 불편함을 느낀다. 주방을 깨끗

이 연출하자. 주방은 그 집의 위생을 알아보는 척도다.

③ **안방(부부침실)**

부부침실은 집이 신속한 구매를 돕는 또 다른 주요 공간이나. 방법은 당신이 만들어 놓은 침실을 완전히 해체하여 구매자를 위한 침실로 매매주택연출 하는 것이다. 우선 가족사진을 모두 치우자. 그리고 집이 팔릴 때까지 매일 침대를 정리해야 한다. 새 침대 시트를 구매하는 것도 좋다. 새 것은 이사 갈 집에서도 사용할 수 있고, 그리 큰 비용이 드는 품목은 아니다. 테이블, 공간박스 등은 꼭 필요한 것만 빼고 모두 없애자. 책, 잡지 등은 없애거나 침대 밑에 보이지 않게 두자. 선반 혹은 침실 벽에 있는 잡다한 여분의 물건도 없애는 것이 좋다. 잠재 구매자는 부부침실이 넓고, 공기가 잘 통하고, 분위기 있을 때 좋은 인상을 받는다. 또한 부부침실에 물건이 많고, 장식이 지나치거나, 가구가 너무 많으면 좋아하지 않는다. 잠재 구매자가 침실의 방문을 열었을 때 신선한 공기를 느낄 수 있게 자주 창문을 열어 환기를 시키자.

④ **욕실**

욕실은 뭐니 뭐니 해도 청결함이 생명이다. 반짝반짝할 때까지 말끔히 청소하자. 물때도 곰팡이도 없어야 한다. 카운터, 세면대, 변기, 샤워부스, 거울, 비누용기 등은 모두 빛이 날 정도로 깨끗해야 한다. 대부분의 경우 욕실 카운터, 욕조, 변기 주변에 너무 많은 물건들을 쌓아 놓고 산다. 불필요한 물건은 모두 없애자. 수납장에 넣어 두거나 미리 짐을 싸놓자. 매일 사용하는 필요한 물건을 제외하고 없애는 것이다. 그리고 이런 물건들도 용기에 담아 두자. 변기 뚜껑을 닫아 놓고 집이

팔릴 때까지 휴지통도 잠시 치워두는 것이 좋다. 농담처럼 들릴지 모르겠지만, 변기뚜껑이나 휴지통은 구매자에게 미묘하게 영향을 줄 수 있는 부분이다. 당신은 구매자에게 공간을 보여줘야 한다.

조화가 되는 수건을 사용하는 것도 도움이 된다. 공간의 컬러와 어울리는 수건으로 통일감을 주자. 마땅한 것이 없다면 구입하는 것이 좋다. 수건이야 새 집으로 이사 가서도 사용할 수 있다. 이 또한 적은 투자로 높은 이익을 내는 항목이다. 깔끔하고 예쁜 수건은 구매자가 집을 기억하게 할 수 있는 시각적인 도구다. 원래 쓰던 낡은 수건은 다른 방에 숨겨두라. 바닥에 목욕물이 잘 고이는 부분이 있는지도 살펴야 한다. 이런 부분들은 집을 내놓기 전에 점검해야 한다. 샤워기, 욕조 등에 곰팡이, 금간 곳이 있는지도 함께 점검하여 수리하자.

⑤ 현관

공간을 넓게, 그리고 깨끗하게 유지함으로써 넓은 현관 공간을 확보하는 것이 좋다 모든 박스 및 보관 기구를 없애라. 당신의 잠재 구매자는 바닥이 깨끗하고 윤이 날 때 좋은 인상을 받는다. 당연히 신발, 우산 등이 널브러져 있거나, 지저분한 신발이 너무 많이 놓여 있으면 좋게 보지 않는다. 이런 것들을 모두 없애자. 효과는 매우 크다.

⑥ 자녀방

대체로 아이들은 매매주택연출 작업을 좋아한다. 일단 그 개념을 알게 되면 놀이로 인식하고 적극적으로 나서서 매매주택연출에 참여하기도 한다. 짐 싸는 것을 돕기도 하고, 큰 동물인형이나 장난감, 옷 등을 다른 사람들에게 나누어 주기도 한다.

　침대 시트를 제거해서 더 깔끔하게 보이도록 하고, TV나 컴퓨터는 다른 곳으로 옮겨서 공간을 더 넓게 보이게 하자. 못 자국을 없애고, 포스터가 붙어있던 곳에 새로 페인트를 칠하자. 구매자는 옷장이 넓고 선반에 물건이 많지 않으면 좋은 인상을 받는다. 또한 벽에 키 재기, 그림, 만화, 연예인 포스터 등이 덕지덕지 붙어있는 것을 좋아하지 않는다는 점도 명심하자.

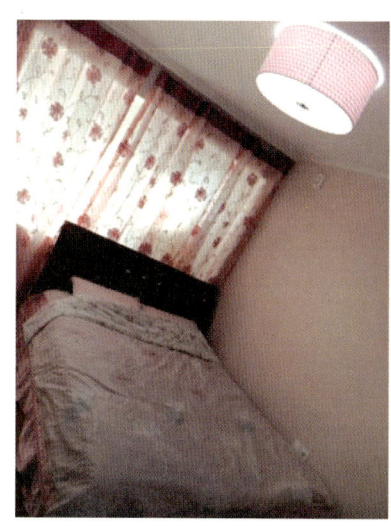

⑦ 세탁실

세탁실은 대부분 어둡고 우울한 경향이 있다. 매매주택연출을 떠나 주부가 세탁실을 얼마나 자주 사용하는지를 생각하면 그렇게 두어서는 안 된다. 전구가 제대로 작동하는지, 밝은지도 확인하자. 비누와 세제의 개수를 줄이고 수납장에 숨겨 놓거나, 선반에 깔끔하게 정리하자.

카운터와 세면대는 언제나 청결하게 하고 비어있게 하자. 집이 팔릴 동안 절대 빨랫감을 걸어놓지 말자. 옷걸이는 하얀색 플라스틱 옷걸이로 교체하자. 잠재 구매자에게 세탁실이 쾌적하고, 들어가고 싶다는 생각이 들게 해야 한다. 눈앞에 남의 집 빨래가 걸려있는 광경을 누가 좋아하겠는가.

 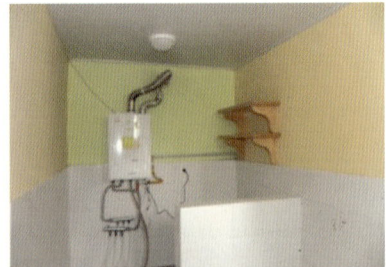

⑧ 다락방

죽은 다락방을 살리는 것만으로도 주택매매에 큰 도움이 된다. 주택을 원하는 이유 중 마당 다음으로 다락을 꼽기 때문이다. 다락공간은 아이나 어른에게나 신세계로 들어가는 통로이자, 나만의 숨은 공간이다. 오래된 주택은 보통 욕실 위에 다락이 있다. 잘 살려서 꼭 살고 싶은 집으로 만들어보자.

⑨ 내부계단

계단이 있는 주택이라면 아이들이 다니기에 안전하다는 것을 보여 주어야 한다. 계단이 왠지 다니기 불안한 느낌이라면 집 전체가 불편하게 보일 수 있기 때문이다. 내부계단을 통해 2층으로 올라가는 것은 어른도 어릴 적 꿈꾸던 요소다. '로망'을 불러일으키는 일이야말로, 주택 매매에 결정적인 도움이 된다.

⑩ 다용도실

복잡한 다용도실은 주방이나 다른 공간에 저장할 곳이 충분하지 않다는 인상을 준다. 다용도실 바닥에 있는 물건들을 치우자. 빈병, 용기 등은 모두 없애고, 선반 청소를 하여 물건을 선반위에 깔끔하게 정리하자. 물론 사용하지 않는 물건은 버리는 것이 좋다.

　잠재 구매자는 깔끔하게 정리된 캔, 음식 및 물병 등이 최소한으로 보이는 것에 좋은 인상을 받는다. 쌀 포대, 음료나 생수병, 일반쓰레기 등이 바닥에 쌓여 있는 것을 보면 누구도 불편하다.

　다용도실은 주부가 꼭 갖고 싶어 하는 공간이다. 다양한 쓰임새가 있다는 것을 보여주어야 한다. 수납공간, 세탁공간, 보조주방 등 다용도실은 말 그대로 다용도실이 되게끔 연출하자.

⑪ 지하실

집에서 어디에 있을지 몰라 방황하는 많은 남자들이 가장 탐내는 장소가 바로, 지하공간이다. 적절히 매매주택연출을 한다면 지하실도 다양한 공간으로 변형할 수 있다. 오디오실이 될 수도 있고, 영화감상실이 될 수도 있으며, 단순히 혼자 있고 싶을 때 쉼터와 같은 공간으로 활용할 수도 있다.

지하실을 넓고, 깨끗하고, 이용도 높은 곳으로 만들자. 천정과 벽에 틈이 있으면 수리하고, 제습제나 소독제 등을 사용하여 냄새 및 곰팡이를 제거해야 한다. 환기를 위해 창을 늘 열어 두는 것도 잊지 말자. 배수로도 깨끗이 청소하는 것이 좋다. 모든 조명 시설이 작동되는지 확인하고, 전구를 설치하여 공간을 밝게 하자. 만약 지하실에 배수펌프가 있다면 상태를 잘 확인해놓자. 잡다한 개인 물품들은 없애는 것이 낫다. 지하실을 보관공간으로 사용하고 있다면 물품을 한쪽에 제한해서 보관하면 좋다.

잠재적 구매자는 지하실의 이용 잠재력에 대한 구상을 좋아한다. 예를 들면, 음악감상실, 비디오감상실, 탁구대나 당구대 설치 등을 위한 공간처럼 말이다. 지하실에 곰팡이, 습한 냄새, 침수 흔적이 있거나, 쓰레기 더미가 쌓여 있으면 들어가려고 하지도 않는다.

⑫ **작은 거실**

보통 2층짜리 주택에서 2층에 있는 작은 거실은 1층 거실과 같은 방식의 매매주택연출이 적용된다. 소파 아래에 있는 모든 것을 제거하라. 햇볕이 들어오도록 커튼을 치거나 없애라. 지나치게 큰 TV나 홈시어터 장비는 집이 팔릴 동안 지하실에 보관하는 것도 좋다. 그렇게 하면 공간이 커 보이고 깔끔해 보이기 때문이다. 의자, 책장, 청소기 등은 없애라. 다시 한 번 말하지만, 당신이 생활하는 방식과 집을 파는 방식은 별개다.

잠재적 구매자는 넓은 공간을 좋아한다. 그리고 공간이 어둡고, 물건이 많고, 가족사진 등이 정신없이 널려 있는 것을 좋아하지 않는다는 것을 명심하자.

⑬ **식사실**

식사실 역시나 가능하면 넓게 보이도록 하면 좋다. 작은 테이블을 사용하는 것도 좋다. 식탁보를 사용하고 있다면 우선 치우고 다른 곳에 보관하자. 의자 중 최소한 두 개는 창고에 넣어 두자.

　모든 다른 공간과 마찬가지로 불필요한 물품은 없애는 것이 좋다. 그릇장에는 몇 개의 그릇만 전시하고, 모든 그릇, 잔 및 깨지기 쉬운 물건들은 미리 짐을 싸두는 편이 낫다. 펜던트 조명이 잘 작동되는지 확인하고, 빛의 조절이 가능한지도 확인하자. 이렇게 하면 당신은 모두가 부러워하는 식사실을 만들고 있는지 모른다.

잠재적 구매자는 잘 갖추어져 있는 공간을 선호한다. 테이블을 놓고 문 앞에 서서 넓은 공간이 확보되어 있는지 다시 확인하자. 식탁 위의 큰 접시, 그릇 및 중앙에 장식용 용기가 있는 것을 선호하며, 위태로워 보이는 꽃병이나 지나치게 큰 꽃 장식은 부담스럽게 보일 뿐이다.

⑭ 기타 침실

침실이 특별한 게스트룸, 혹은 호텔방처럼 보이도록 매매주택연출을 하는 것도 큰 도움이 된다. 침대 위 이불을 접어 시트가 드러나게 하자. 그리고 침대 위에 책을 펴 놓고, 사이드 테이블 위에 컵, 컵받침과 꽃병을 올려놓자. 물론 잡동사니는 없애는 것이 좋다. 먼지를 털고, 청

소기를 돌리고 창문과 창틀 청소도 하자. 벽은 중성 컬러로 칠하자. 침실을 더 넓게 보이기 위해서 가구를 재배치하거나, 다른 방으로 옮기는 것도 고려하자. 예쁜 침대 시트, 담요 등을 놓아서 침대 매트가 보이지 않도록 하면 더욱 좋다. 침실공간의 매매주택연출은 비교적 효과가 크다.

⑮ **옷장**

대부분의 옷을 이삿짐 상자에 미리 싸두자. 무자비하게 정리하자. 빨랫감과 잡동사니를 없애야 한다. 옷장 문은 항상 닫아 놓는 것이 좋다. 물론 문이 항상 자유롭게 열릴 수 있도록 해두어야 한다. 잠재 구매자는 옷장에 예쁜 옷걸이가 있고 공간이 넓은 옷장을 좋아한다. 당연히 옷장 문을 열었을 때 내용물이 쏟아지는 것을 좋아하지 않는다.

02

내부 매매주택연출
확인사항

① 각 방의 입구에 서서 잠재적 구매자의 관점에서 방을 살피자. 구매자는 눈에 보이는 것만 보며, 앞으로 개선될 모습의 집을 상상하지 않는다. 집이 팔릴 때까지 없어도 되는 물건들에는 어떤 것들이 있는가?

② 집 안의 모든 조명장치가 잘 작동하는지 확인한다! 작동하지 않는 전구는 교체하고, 밝기를 높여라. 특히 어두운 복도나 코너의 경우 매우 중요하다. 절대로 집 안에 어두운 공간이 없도록 해야 한다. 매매주택연출에서 조명이 차지하는 역할은 매우 크다.

③ 부서진 전기 스위치를 수리하고, 스위치 판을 교체하여 그 주변을 깨끗이 하자!

④ 커튼과 블라인드는 낮 동안 열어 두어 빛이 충분히 들어오고 조망을 살필 수 있게 하자! 난방 및 냉방을 위한 추가 비용도 집을 팔 때 감수해야 하는 비용이다. 여름에는 시원하게, 겨울에는 따뜻하게 유지해서 우리 집을 방문하는 잠재 구매자의 기분을 상쾌하게 해주는 일도 중요하다. 차가운 거실바닥은 소비자의 마음도 차갑게

만든다.

⑤ 소파 위 쿠션의 개수를 줄이자! 낡고 불필요한 덮개 및 담요도 없앤다.

⑥ 귀중품은 미리 이삿짐 상자에 넣어두자! 불필요한 오해가 생기지 않게 미리 관리하면 편하다.

⑦ 당신이 사랑하는 식물을 냉정히 바라보자. 언제나 관리해 주어야 한다. 그리고 공간을 위해서는 줄일 필요도 있다. 만약 식물이 건강해 보이지 않는 상태라면 과감히 없애거나, 잘 키울 수 있는 지인에게 주는 것이 낫다!

⑧ 공간을 넓게 보이기 위해서 의자 및 기타 큰 가구는 없애는 것이 좋다!

⑨ 당신의 집에서 시선을 분산시키는 모든 물건들은 이삿짐 상자에 미리 넣어두는 것이 매매주택연출의 핵심이다!

⑩ 책장의 책을 줄이자!

⑪ 선반, 피아노, 테이블 등 위에 놓인 가족사진을 치우자! 잠재 구매자는 그 공간에서 생활할 가족의 모습을 상상하고 싶어 할 뿐 당신 가족의 모습 보는 일을 즐기지 않는다. 낯선 가족사진은 이 집이 남의 집으로 느껴지도록 만들 뿐이다. 우리 집처럼 편안함을 느꼈을 때 구매자는 매입을 결정한다는 사실을 기억하자.

⑫ 모든 방 벽에 걸려 있는 사진, 그림의 수를 줄이자! 대신 큰 액자 하나, 혹은 작은 액자 세 개를 한쪽 벽에 걸어 두자. 모든 액자는 여성 평균 신장 기준의 눈높이 정도로 걸리는 것이 이상적이다.

⑬ 집이 팔릴 동안 항상 은은한 음악이 흐르도록 하자! 듣기 좋은 라디오 방송, 재즈 등이 좋고 하드락이나 지나치게 우울한 곡은 금물이다.

⑭ 냄새나는 집은 절대로 팔리지 않는다! 냄새에 민감해야 한다. 과도한 음식 및 담배 냄새, 동물의 냄새, 세탁물, 곰팡이 냄새 등은 잠재적 구매자를 내쫓는다. 냄새가 큰 문제가 된다면 탈취제, 소독제를 사용하고 창문을 언제나 약간 열어 두면 도움이 된다. 아무리 멋진 이성이라도 그에게 고약한 냄새가 난다면, 그 매력이 반감하는 것처럼 말이다.

⑮ 모든 창문은 청소하고, 잘 열리는지도 확인하자! 만약 이중창의 잠금장치가 부서졌다면 교체해야 한다.

⑯ 작은 소품이 집을 어지럽게 한다. 축구공보다 작은 소품은 모두 없애자!

⑰ 모든 어두운 코너에 램프를 켜놓자! 전구의 밝기도 점검하라. 타이머를 설치해서 사람들이 주로 오는 시간에만 켜놓는 것도 전기세를 절감하는 방법이 될 수 있다.

⑱ 부서진 모든 것을 수리하자! 구매자가 이 집의 관리상태가 좋다고 생각하도록 해야 한다.

⑳ 가구를 다른 방으로 옮기는 것을 두려워하지 말자! 거실에 있는 여분의 의자가 침실에 있으면 더 보기 좋을 수도 있다.

PART 6

공간별 체크목록 작성과 실천

지금쯤 당신은 다음과 같이 생각할 수 있을 것이다. "할 일이 너무 많아. 어떻게 내가 그런 것들을 다 할 수 있어?" 내 대답은 그 모든 것을 다 할 필요는 없다는 것이다. 효과적인 매매주택연출을 위해 당신이 해야 할 일들은 지금까지 언급했던 내용처럼 많지는 않다. 경우의 수 대부분을 언급했기에 많아 보일 뿐이다.

한 번에 한 걸음씩 간다고 생각하사. 그리면 당신이 생각했던 것보다 훨씬 빨리 매매주택연출이 진행되어간다고 느낄 것이다. 매매주택연출은 확실히 효과가 있다. 그리고 재미도 있다. 매매주택연출은 한 단계씩 진행될수록 기분이 좋아진다. 일단 이 일을 시작하면 당신은 더 이상 멈출 수가 없다.

대체로 우리는 집에 사는 동안 해야 한다고 생각하는 일들을 대부분 그냥 내버려 둔 채 산다. 거기서 '생활'하고 있기 때문이다. 아마도 당신의 머릿속에는 이미 집에 관해 해야 할 일의 목록이 길게 자리 잡고 있을 것이다. 이제는 그 일을 해야만 한다. 이제 당신은 집을 팔아야 하고, 그것도 가능하면 더 높은 금액에 팔아야 하기 때문이다.

이제 매매주택연출을 시작할 때이다. 당신은 아마도 "생각은 좋은데, 너무 부담스러워. 나는 시간도 돈도 별로 없어. 그냥 지금 상태로 집을 팔자. 어떻게든 되겠지. 설마 집이 영 안 나가겠어?"라고 생각할지 모른다. 질문을 해보겠다. "당신은 집을 팔려고 '노력' 할 것인가? 아니면 실제로 집을 팔 것인가?" 만약 당신이 집을 팔고 싶고, 거기에 더해 짧은 시간에 최고의 금액을 받고자 한다면 매매주택연출을 해야 한다. 이제 생각은 뒤로 하고 필요한 행동을 하자. 직장에서 하루이틀 휴가를 내는 것도 좋다.(대부분 직장인의 경우 하루이틀 치 정도의 급여는 당신이 매매주택연출을 해서 얻는 이익보다는 적을 것이기 때문이다.) 매매주택연출은 당신에게 잉여의 이익을 가져온다. 스테이지드홈즈닷컴 StagedHomes.com의 정보에 따르면 홈스테이징, 즉 매매주택연출을 한 집은 그렇지 않은 집보다 10~20% 더 높은 가격에 거래된다고 한다. 이제 당신은 집 내부를 연출할 준비가 되었다. 이것은 정말 흥미로운 일이다. 잠재 구매자에게 집을 보이는 것은 당신이 통제할 수 있는 일이기 때문이다. 거실, 주방, 부부침실은 구매자가 집을 구할 때 가장 중점을 두는 곳이다. 하지만 완벽한 매매를 위해서 당신은 모든 방을 다 연출해야 한다. 가끔 일부만 매매주택연출 하겠다는 매도인, 혹은 중개인을 본다. 나는 그들에게 이렇게 이야기한다. "고객님은 집 전체를 팔 계획이 아닌가 봅니다."

01

매매주택연출을 위한 십계명과 공간별 체크목록 작성

① **방의 입구에 설 것** 잠재적 구매자가 방에 들어가 볼지 결정하는 장소이기 때문이다. 구매자가 방에 들어가지 않겠다고 생각하면 그는 당신의 집을 구매하지 않을 것이다. 당신은 구매자의 관점에서 방을 봄으로써 각 방에 어떤 변화가 필요한지 이해할 수 있다. 구매자의 관점에서 방을 잘 살펴보라. 매매주택연출은 구매자를 모든 방 안으로 끌어들일 수 있 만드는 것이다.

② **매매주택연출의 포인트를 결정할 것** 질문을 하나 던지겠다. "구매자가 이 방을 어떻게 활용할까?" 침실이리면, 침대가 연출 포인트이고, 뮤직룸이라면 피아노나 악기가 연출 포인트일 것이며, 거실은 아름다운 벽난로가 포인트가 될 수 있다. 이러한 '포인트'를 중심으로 매매주택연출을 계획하라.

③ **계획을 세울 것** 일단 포인트를 정했다면 각 방을 연출할 계획을 세우자. 계획은 변동불가능한 것이 아니라, 언제든 수정가능하다. 다만 이 계획은 당신이 행동에 착수할 수 있도록 돕는다. 처음 계획한 매매주택연출의 느낌이 마음에 들지 않는다면 계획을 수정

하면 된다.

④ **잡동사니를 정리할 것** 방 전체에 걸려있는 모든 물건들을 제거하라. 액자, 거울 및 기타 소품을 모두 없애고 그 방의 뼈대를 살펴라.

⑤ **물건을 분류할 것** 물건을 상자에 담아 보관하거나 필요한 사람에게 주고, 팔아라. 일부 물건은 매매주택연출 과정에서 다시 사용될 수 있으니 무턱대고 버리지는 말 것.

⑥ **일부 가구를 없앨 것** 아니면 다른 방으로 옮겨라. 방이 복잡한 느낌을 주는가? 가구를 끄집어내라. 예를 들어, 거실의 의자를 침실로 옮기면 침실에 안락한 느낌을 더 할 수 있다.

⑦ **남겨둘 가구를 결정할 것** 필수적인 것만 남기고, 나머지는 없애라. 매우 간단한 원칙이다. 이 방법만으로도 집이 훨씬 넓어진다.

⑧ **당신이 원하는 방식대로 가구를 배열할 것** 가구가 적을수록 공간은 넓어진다. 당연한 이치다. 방이 개방되어 보이고, 균형이 잡힌다면 매매주택연출을 시작하기 전과 비교했을 때 공간은 두 배로 넓어 보인다. 이것이 매매주택연출의 효과다. 가구를 다시 한 번 배치해 보라. 연출에 정답은 없다. 가장 넓어 보이고 개방적으로 보일 때까지 여러 번 시도해보자.

⑨ **소품으로 방을 다시 꾸밀 것** 다른 방에서 가져 온 소품이나 물건을 새로운 용도로 사용하는 방식으로 방을 다시 꾸며보자. 매매주택연출의 핵심은 창의성이다. 그러나 소품으로 방을 꾸밀 때, '적을수록 이익이 된다'는 것을 기억해야 한다.

⑩ **섬세하게 손질할 것** 다시 한 번 방 입구에 서 보자. 추가로 해야 할

일은 없는가? 더 없앨 물건은 없는가? 잊어버리고 안 갖다 놓은 물건은 없는가? 블라인드 날개는 바로 놓여 있는가? 너저분한 전기선들이 보이지 않는가? 모든 것이 다 제대로 마무리 되었다고 생각하기 전에 마지막으로 찬찬히 살펴보자.

대부분의 경우 한 페이지에서 세 페이지 분량의 목록을 적고 매매주택연출을 시작한다. 과연 해낼 수 있을지, 걱정이 될 정도로 많아 보인다. 그렇지만 명심하자. 당신의 집은 당신이 투입한 노력만큼 더 좋아진다는 사실을. 다음과 같은 목록도 참고로 하자.

	공간	매매주택연출 내용
내부공간	거실	수납장의 부서진 손잡이를 달자
	주방	부서진 식기세척기를 수리하자
	안방	안락의자를 차고로 옮기자
	욕실1	샤워기를 교체하자
	욕실2	변기뚜껑을 교체하자
	현관	현관문을 페인트칠하자
	자녀방	커튼을 빨래하자
	세탁실	선반정리를 하자
	다락방	곰팡이를 제거하고, 짐을 정리하자
	내부계단	내부에 있는 소품들을 포장하자
	다용도실	세탁기 밑에 바닥청소를 하자
	지하실	거실의 운동기구를 지하실로 옮기자

	작은거실	의자는 두 개 정도 버리자
	식사실	식탁보를 제거하고 식탁을 청소하자
	침실1	침대시트를 새로 구입하자
	침실2	부서진 책장을 버리고 책을 포장해 놓자
	옷장	옷걸이를 모두 교체하자
외부공간	대문	대문 하부에 녹슨 부위를 페인트칠 하자
	담장	담장을 더 높이 올리자
	지붕	지붕아래 물받이 부분에 이물질을 제거하자
	처마	처마에 페인트칠을 새로 하자
	외벽	벗겨진 외벽 페인트를 보수하자
	난간	난간을 새로 칠하자
	데크	데크 주변 청소를 하자
	현관입구	입구 주변의 잡초를 제거하자
	조경	디딤돌 주변의 흙을 잘 감추자
	차로	차로 주변의 쓰레기를 청소하자
	차고	차고 안 바닥의 기름을 깨끗이 제거하자

　이런 항목들은 하나씩 처리해 나가자. 이 목록을 다 완료하면 당신의 집은 더 매력적으로 바뀌게 되고 기분도 더 좋아질 것이다. 이런 좋은 느낌은 곧 당신의 수익으로 연결된다.

　그리고 추가적으로 매매주택연출을 하기 전 낮 시간에 집 안 및 바깥의 사진을 찍어 놓자. 사진은 당신의 집을 객관적으로 볼 수 있게 한다. 사진에서 당신이 보지 못했던 집의 문제들을 확인할 수 있다. 쌓여 있는 잡지, 진부한 침실, 현관을 가로 막는 나무 등 카메라 렌즈를 통해 집안을 객관적으로 살펴볼 수 있게 된다. 좋은 장면이 나오면 셔터를 눌러라. 사진을 근거로 어디를 연출해야 할지 추가적으로 결정할 수 있다. 또한 이 사진들은 나중에 좋은 '비포Before' 사진이 된다.

명심하자. 만약 매매주택연출을 하지 않아서 매매 가격을 낮추어야 한다면 당신은 손해를 보는 것이다. 매매주택연출에 관해 내가 생각한 가장 정확한 원리는 "당신이 매매주택연출로 투자를 한다고 하더라도, 그 금액은 처음 집값을 낮추는 금액보다도 더 적다."는 것이다. 이것은 경험상 분명한 사실이다. 매매주택연출은 훨씬 더 높은 이익을 보장한다.

우리는 이미 청소, 잡동사니, 컬러의 중요성을 살펴보았다. 남은 단계는 결단, 타협, 창의성이다. 이것이 매매주택연출 과업을 한결 완수하게 한다.

02 결단

매매주택연출에 참여하는 모든 사람은 일을 제대로 완수하기 위한 결단을 내려야 한다. 만약, 직접 매매주택연출을 한다면 당신은 일을 완수하기 위한 결정들을 해야 한다.

매매주택연출을 위해 기일을 정하자. 약속을 정하고 그것을 지키자. 약속에 책임을 지라. 약속과 책임은 매매주택연출을 완수하는데 필수적이다. 지금까지 고객들은 나와 약속을 했고, 우리는 함께 그 약속에 대한 책임을 졌다. 각 당사자는 희망하는 결과를 얻기 위해 자신의 맡은 바를 수행했다. 내가 할 일은 고객이 기일을 정하도록 도와주고, 약속을 지키도록 돕는 일이다. 이렇게 함으로써 우리는 긍정적인 방식으로 함께 일할 수 있었고, 결과는 좋았다.

결단은 중요하다. 당신은 결단을 내려야 할 부분과 때를 알고 있다. 따라서 기일을 정하고, 약속을 하고, 그 약속에 책임을 져야 한다. 가족을 동참시키고, 일이 완료될 때까지 좋은 팀워크를을 유지하라.

03

완료일

매매주택연출 완료일을 정하라. 그리고 다이어리나 스마트폰에 기록해 두자. 당신의 중개인은 매매가격을 정할 때 매매주택연출을 감안하여 계산해야 할 것이다.

나는 즉시 매매주택연출 임무를 수행하라고 조언한다. 나중에 하지 말고, 바로 지금 말이다. 미루는 것이 인간 본성이기 때문에 추진력을 잃기 전에 가능하면 빨리 매매주택연출을 끝내는 것이 좋다. 바로 완료될 수 없는 일에는 기한을 부여하고 끝나는 대로 확인하라. 모든 해야 할 목록이 다 확인 되면 시장에서 당신의 집이 인기를 얻을 준비가 된 것이고, 다른 경쟁 주택보다 돋보일 채비를 마친 것이다. 즉, 집은 빨리 팔릴수록 가격을 더 받을 수 있다는 의미이다.

만약 매매주택연출이 다 끝나지 않은 상태에서 집을 보여주기 시작하면 원하는 만큼의 이익을 얻지 못할 것이다. 명심하자. 구매자는 보이는 대로만 생각하며 앞으로 바뀔 집의 모습을 상상하지는 않는다는 것을.

매매주택연출은 당신에게 이익이 되는 작업이다. 집을 팔고자 한다면 매매주택연출이 가장 빠른 최선의 방법이다. 당신이 그 집에 사는 동안에는 집에 대한 투자가 경제적 이익이 되지 못했을 것이다. 그렇지만, 지금은 다르다. 매매주택연출은 결코 큰돈이 필요한 일이 아니다. 다만 시간과 정성이 필요하다. 만약 해야 할 일의 목록을 전부 확인했다면, 당신은 이것을 이미 집을 팔았다는 신호라고 생각해도 좋다.

04

타협

내가 원하는 일을 모두 할 수는 없다. 인생은 많은 경우 타협이 필요하다. 매매주택연출도 타협의 과정이다. 예를 들어보자. 주방 바닥이 마루라서 색이 바라 낡아 보이고, 썩은 부분도 보인다. 안방욕실은 핑크색 타일이다. 상태가 좋긴 하지만, 촌스럽다. 당신에게는 이 가운데 한 가지에 투자할 자금 밖에 없다. 이때 타협이 필요한 것이다. 당신은 가장 높은 수익을 주는, 다시 말해 당신의 집을 잠재 구매자에게 근사하게 보일 수 있는 부분에 투자해야 한다.

  이 경우 정답은 주방 바닥에 우선 투자를 하는 것이다. 우리 집이 가장 멋져 보일 수 있도록 최대의 효과를 낼 수 있는 곳에 투자하는 것이다. 매매주택연출에 있어 타협은 언제나 최소의 비용으로 최대의 효과를 낼 수 있도록 해야 한다.

05
창의성

 매매주택연출은 사실 돈보다는 창의성을 기대는 것이 바람직하다. 창의성이 매매주택연출의 모태이다. 창의성은 우리 모두에게 있다. 많은 사람들은 자신이 창의적이지 않다고 생각한다. 당신도 만약 그렇다면 이제 그런 생각은 멈추라. 그리고 지금 자신이 창조하고 있는 것을 생각하라. "와, 정말 나는 뭔가를 만들어내고 있어!"라고 말하기 시작하라. 실제로 그렇게 될 때까지 그런 척 해보자. 정말로 효과가 있다. 스스로를 칭찬할수록 창의성은 더욱 강화된다. 그리고 실제로 당신은 스스로 창의적이라고 생각할 수 있는 부분을 가지고 있다.

 누구나 가구를 구매할 수는 있다. 그러나 그것이 그다지 창의적인 일은 아니다. 가구가 필요하다면 당연히 살 수는 있다. 하지만 아마도 당신은 이미 충분히 많은 가구를 갖고 있을 것이다. 대체로 우리는 가구가 너무 많아서 문제다. 그러니 기존의 가구를 재배치하고, 가구의 일부를 다른 방에 활용함으로써 원하는 효과를 얻을 수 있다. 요리조리 갖고 놀아보자. 결과를 보면 새로운 작업에 도전할 수 있는 용기를 얻을 것이다. 당신의 창의성을 활용하자. 당신 안의 잠자는 창의성을 깨울 때 당신은 잠재적 구매자를 구매로 이끌 수 있는 연출을 할 수 있다.

　부동산경기가 좋으니 매매주택연출은 필요 없다? 주택 소유자 혹은 부동산 중개인들이 부동산 경기가 좋으니 매매주택연출을 할 필요가 없다는 말을 하곤 한다. 나의 대답은 '집값에는 상한선이 없다'는 것이다. 다시 말해, 부동산경기에 상관없이 집을 더 빨리 매매하기 위해서는 매매주택연출이 필요하다. 경기가 좋을 때라면 집은 언젠가는 결국 팔릴 것이다. 그렇다면 매매주택연출을 통해 더 높은 가격에 팔아야 한다. 경기가 나쁠 때는 매매주택연출을 통해 더 높은 가격은 받지 못하더라도, 매매주택연출을 하지 않은 다른 집보다는 더 빨리 팔 수 있다. 집을 내놓은 기간 동안 당신은 어쨌든 대출이자를 갚아야 한다. 만약 당신이 집값을 낮추어 매매한다면 재산의 손실을 감수해야 한다. 따라서 경기가 어떻든지 간에, 매매주택연출을 하면 부동산 거래에 있어 재산 상 이익을 얻을 수 있다.

PART 7

매매주택연출
보고서 작성 및 프로세스

01
매매주택연출 보고서

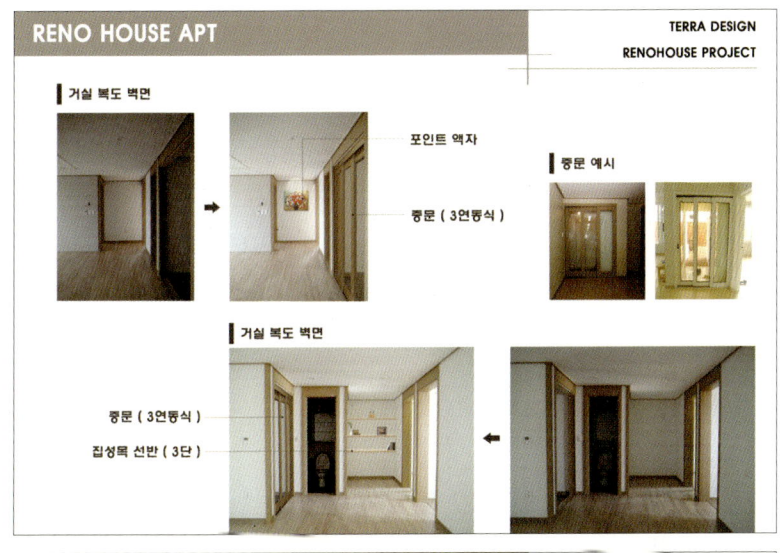

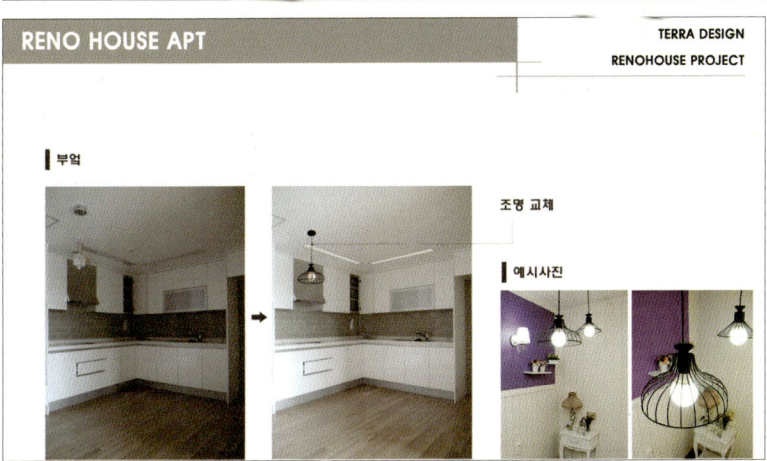

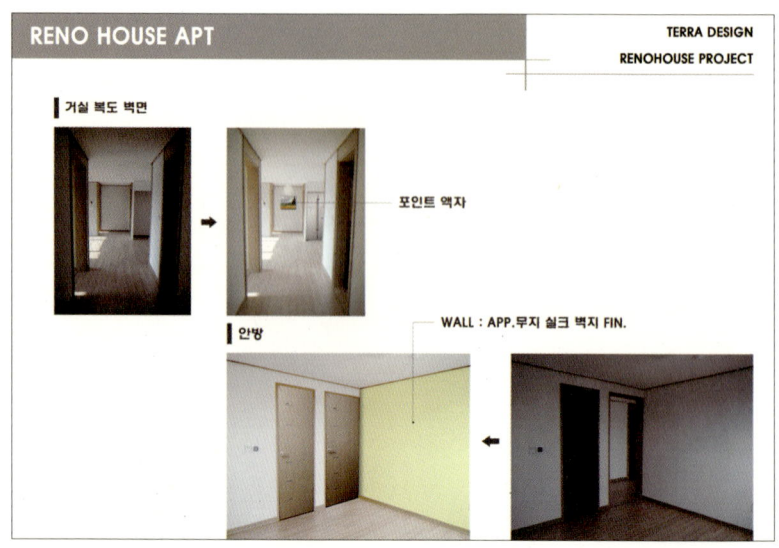

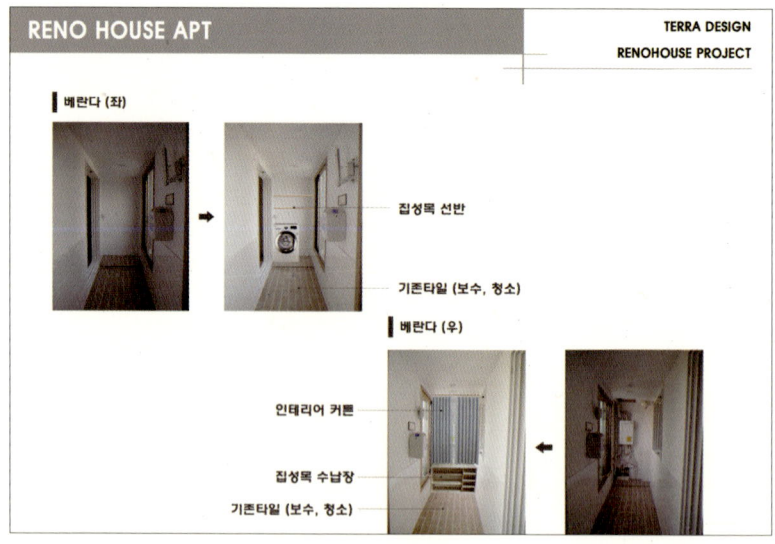

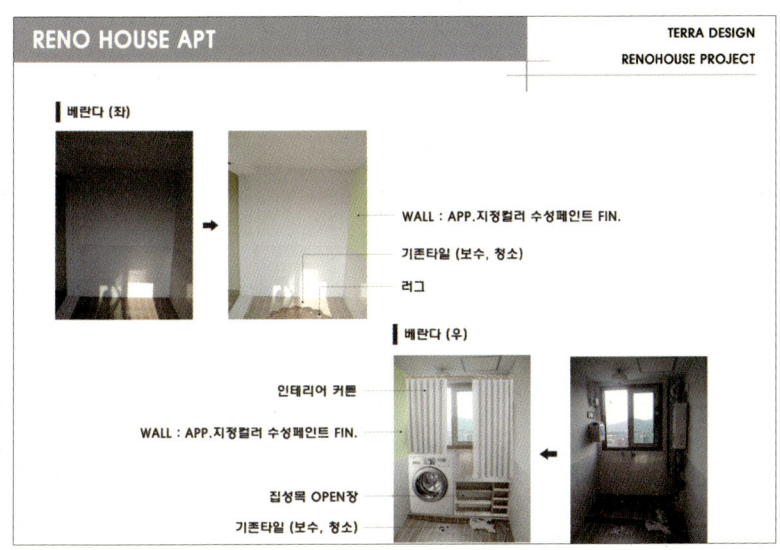
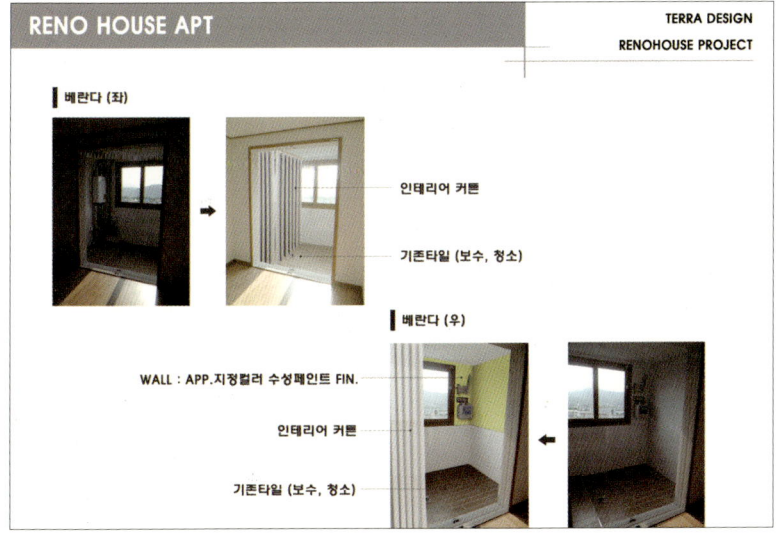

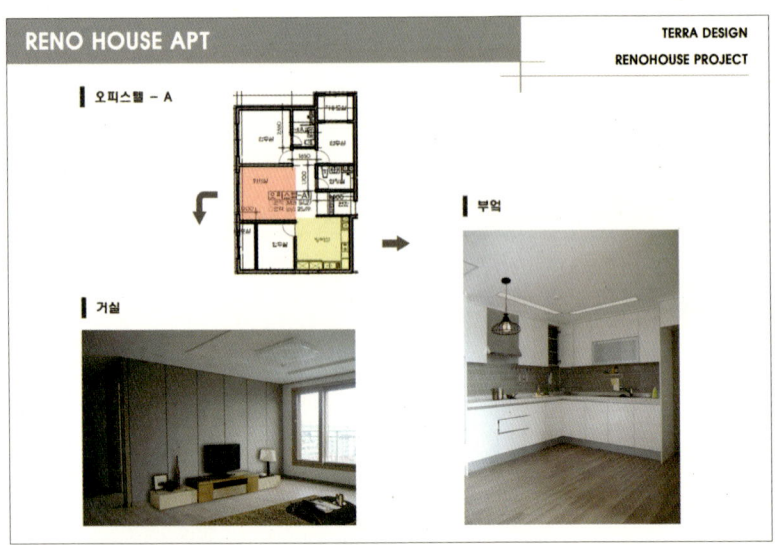
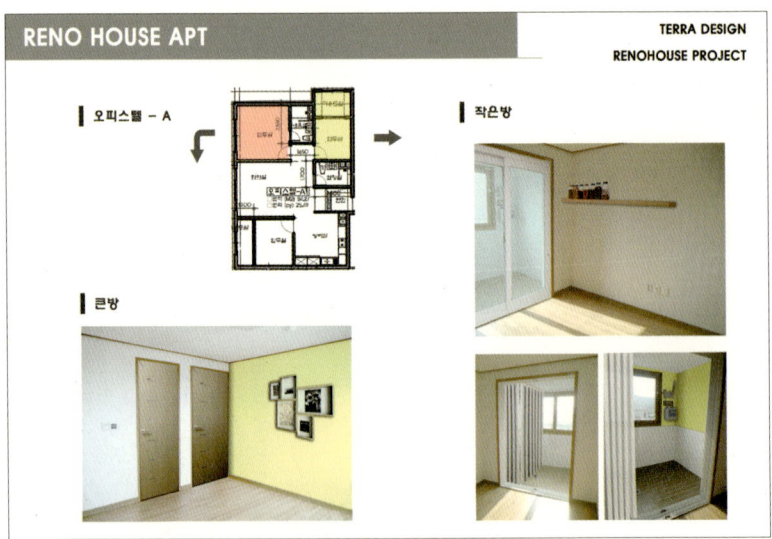

02

매매주택연출 프로세스

현장방문 체크
⇩
사진촬영
⇩
분석
⇩
목록표 작성
⇩
비용보고서
⇩
스케줄관리

위와 같은 순서로 진행하면 된다. 사진촬영은 현장에서 제대로 보지 못한 것을 다시 한 번 확인해야 하기 때문에 반드시 해야 한다. 포토샵 같은 프로그램을 다룰 수 없다면 목록 작성을 수기나 한글파일로 만드는 것도 도움이 된다. 비용은 한 세대일 경우에는 관계없지만, 여러 세대를 같이 진행해야 하는 다세대일 경우에는 4세대씩 묶어서 인건비를 산정하는 것도 좋은 방법이다.

NO	품 명	내 용	단위	수량	단 가	금 액	비고
1	현관 포인트	브론즈경	자평	20	8,000	160,000	
2	주방 조명교체		식	1	100,000	100,000	
3	주방 액세서리	소품	식	1	100,000	100,000	
4	콘솔 포인트	포인트벽지	조	1	100,000	100,000	
5	콘솔 조명교체	할로겐	조	1	50,000	50,000	
6	복도 벽면선반	3단 집성목	식	1	150,000	150,000	
7	안방 포인트	실크벽지 한면	식	1	150,000	150,000	
8	발코니 커튼	보일러쪽 베란다	식	1	130,000	130,000	
9	발코니 도장	비상구쪽 베란다	식	1	80,000	80,000	
10	발코니 선반	세탁실 쪽	식	1	150,000	150,000	
11	발코니 수납장	보일러쪽 베란다	식	1	300,000	300,000	
12	발코니 러그		조	1	100,000	100,000	
13	거실 TV장		세트	1		0	옵션
14	안방 포인트	액자	식	1	100,000	100,000	
	금액은 1세대 기준이라 대략적으로 산정, 최소 4세대를 동시에 하는 것이 금액적으로 저렴 합니다.						
	소 계					1,670,000	
34	공과잡비	공사금액의 5%				50,100	
	총 계					1,720,100	
	공 사 금 액					1,720,100	
	부가가치세					172,010	
	합 계					1,892,110	
	단위절사					2,110	
	총 공 사 비					1,890,000	

PART 8

내가 직접 할 수 있는 우리 집 수리

매매주택연출은 많은 돈을 들이는 일이 아니다. 이제 눈을 크게 뜨고 안테나를 가동하라. 훌륭한 매매주택연출은 재료를 쓰레기 수거하는 날 길모퉁이에서, 혹은 창고세일이나 할인판매, 바자회에서, 친척에게서 얻은 물건 가운데 발견할 수도 있기 때문이다.

매매주택연출은 기존의 물건을 새로운 방식으로 활용하고, 다른 용도로 쓸 수 있는 가능성을 발견하는 일이다. 기존에 갖고 있는 물건을 생각하고, 어떻게 새롭게 활용할 수 있는지 고민해보자. 매매주택연출을 위한 최고의 재료는 이미 집에서 일상적으로 사용하고 있는 물건들이다.

01

매매주택연출가의 시각

매매주택연출가의 눈으로 세상을 다르게 바라보라. "어떻게 이 물건을 본래 용도와 다르게 사용할 수 있을까?"라고 늘 질문해보는 것이다. 이것은 중독성이 있는 습관이다. 당신이 매매주택연출을 할 때 원하는 방식으로 새롭게 꾸밀 수 있다. 당신의 독창성이 이끄는 다른 방식으로 새로운 모습의 매매주택연출이 가능하다.

02 내가 직접 할 수 있는 공사

사실 리모델링 이상의 공사는 본인이 직접 하기 힘들다. 그렇지만 인테리어 마감공사 중에는 내가 직접 할 수 있는 부분이 분명 있다. 이번 장에서 매매주택연출 중 내가 직접 할 수 있는 부분에 대해서 알아보자.

① 페인트칠하기

페인트칠은 비교적 쉬운 작업처럼 보이지만 사전 지식이 없으면 낭패를 볼 수도 있다. 물론 페인트칠은 비교적 금세 익숙해지는 기술이긴

> **Tip**
>
> **페인트칠 시공 순서**
> 1. 구멍 나거나 금 간 곳에 수성 실리콘, 핸디코트, 에폭시퍼티로 먼저 메워 준다.
> 2. 사포로 면을 부드럽게 문질러 준다.
> 3. 접착력을 높이기 위해 젯소나 바인더로 도장 면을 골고루 발라 준다.
> 4. 코너 부분을 붓으로 먼저 칠하고, 넓은 면은 롤러로 밀어 준다.
> 5. 면이 깨끗하게 나올 때까지 최대한 얇게 2~3번 칠해 준다. 단, 한 번 칠한 곳이 마른 다음 덧칠을 해야 한다.

하다.(보통 한 번 정도 페인트칠을 해보면 다음에는 정말 잘할 것 같은 기분이 들 정도로 말이다.)

현관중문

기존 현관중문이 알루미늄 재질이라면 에나멜페인트를 사용해야 한다. 그렇지만 페인트칠보다는 필름을 붙이는 것이 현명하다. 기존 현관중문이 나무소재로 마감이 되어있다면 래커(락카)페인트를 사용하면 된다. 현관중문에 유리가 삽입되어 있다면, 마스킹테이프나 커버링테이프로 유리를 먼저 보양하고 칠한다. 물론 바닥에 페인트가 묻지 않도록 보양을 같이 해야 한다. 너무 유행이 지난 유리라면 유리만 새로 교체해도 현관중문이 반짝반짝해 질 것이다. 거실에 특별한 디자인 요소가 없다면 현관중문 컬러를 과감하게 사용해도 좋다.

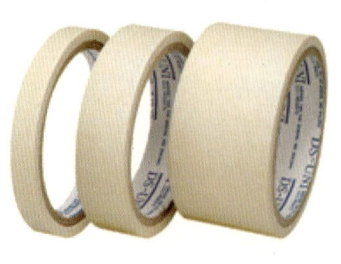

마스킹테이프 　　　　　커버링테이프

문·문틀, 목재창호

최근에 나오는 문과 문틀은 대부분 필름으로 마감처리가 되어 있다. 그래서 문과 문틀 역시 페인트칠보다는 필름으로 리폼 하는 것이 좋다. 만약 비용 상의 문제로 필름 위에 칠을 해야 한다면 바인더(접착증강제)를 먼저 바르고 칠해야 한다.

기존의 문과 문틀이 목재나 페인트로 마감되어 있다면 래커(락카) 페인트칠을 하면 된다. 문은 페인트칠 이후 손잡이만 교체해도 훨씬 깨끗해 보인다. 손잡이를 교체하지 않을 경우에는 커버링테이프로 손잡이를 완전히 밀봉해야 페인트칠 이후 깨끗하게 보존된다. 문턱을 없애는 경우라면 미리 작업을 해놓고 칠을 해야 한다. 만약 나중에 문턱을 없애면 같은 작업을 반복해야 할 수도 있기 때문이다.

목재창호 같은 경우는 현관중문처럼 유리부분을 마스킹테이프나 커버링테이프로 보양하고 래커(락카) 칠을 하면 된다. 물론 유리는 교체하는 것이 좋다. 단열이 문제였다면, 이중(페어)유리로 교체하자.

목재창호나 방문에 페인트를 칠할 경우에는 반드시 대패질을 해놓아야 한다. 왜냐하면 페인트는 보통 2~4번 칠하는데, 그만큼 두께가 쌓이기 때문에 페인트가 마른 후 창문이나 방문이 틀에 끼어서 안 닫힐 수도 있기 때문이다. 그래서 틀과 문이 맞닿는 곳은 넉넉하게 대패질을 해 놓아야 한다.

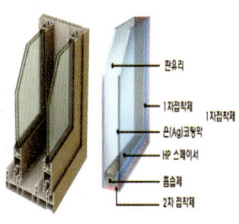

■ 몰딩

현재 사용하고 있는 대부분의 몰딩은 MDF에 필름으로 마감한 랩핑몰딩이다. 물론 도장마감된 몰딩도 나오지만, 비교적 가격이 비싸서 랩핑몰딩을 많이 사용한다. 랩핑몰딩 위에 칠을 하기 위해서는 반드시 몰딩모서리에 붙은 벽지를 잘라내고, 바인더칠을 한 이후에 래커(락카)칠을 해야 한다. 만약 기존 랩핑몰딩 위에 새 필름을 붙일 생각이라면 차라리 몰딩을 교체하는 것이 비용이 더 저렴할 수 있다.

내부벽체

목재나 석고보드로 목공사를 마치고 벽면에 페인트칠을 한다면 벽지를 붙이는 것보다 2.5배 이상 공사비가 더 든다. 기본적으로는 페인트가 벽지보다 더 저렴한 공사이지만, 목공사 마감이후에는 상황이 다르다. 왜냐하면 석고보드와 석고보드 사이의 벌어진 이음매를 핸디코트 등으로 일일이 다 마감해줘야 하기 때문이다.

기존 벽지 위에 페인트칠을 할 수도 있다. 합지 위에는 바로 수성페인트를 바르면 되지만, 실크벽지 위에는 바로 페인트를 바르는 것보다, 실크벽지의 PVC면을 살짝 벗겨내고 바르는 것이 더 좋다. 실크벽지는 합지 위에 PVC면이 붙어 있기 때문에 스티커처럼 쉽게 벗겨진다. 페인트의 가장 큰 장점은 다양한 색상을 고를 수 있다는 것

이다. 벽지는 업체에서 만들어진 제품 중에 우리가 선정하는 것이지만, 페인트는 페인트매장에서 샘플책을 얻어서 수천가지 색상으로 우리가 원하는 대로 만들어 낼 수 있다. 최근에는 페인트매장마다 조색기계가 있기 때문에 얼마든지 편리하게 원하는 색을 만들어 낼 수 있다.

오랜 된 주택 거실은 서기목으로 마감된 경우가 많다. 서기목 위에 바로 페인트칠을 해도 꽤 괜찮은 거실로 바꿀 수 있다. 예전에는 니스칠을 많이 했지만, 서기목 위에는 래커(락카)가 훨씬 자연스럽고 예쁘다.

발코니, 외벽

발코니에는 내부수성 페인트를 칠하면 된다. 먼저 수성롤러로 칠하고, 마지막에는 유성롤러로 칠하면 마감이 깨끗하다. 수성롤러는 털이 많아서 벽면에 털 자국이 남는데 마지막에 털이 짧은 유성롤러로 마감하면 깨끗해진다. 그리고 코너 쪽은 미리 붓으로 칠해 놓아야 빈 틈없이 발린다. 발코니는 무조건 흰색 칠을 해야 한다는 고정관념을 버리자. 앞 사진 속의 발코니는 항상 봄을 느낄 수 있다.

주택의 외벽은 외부수성 페인트를 사용하면 된다. 보통 주택의 외벽은 크랙(금)이 많이 있어서 이것을 시멘트나 퍼티로 먼저 보수하고 칠해야 한다. 일반인도 단층주택은 칠할 수 있겠지만, 2층 이상의 주택은 줄을 타고 칠해야 하기 때문에 도장전문가에게 맡기는 것이 좋다.

대문, 금속난간

철재로 된 대문이나 금속난간은 에나멜 칠을 하면 된다. 에나멜페인트는 비교적 금방 마르기 때문에 시너(신나)로 희석시키고 빠르게 작업해야 한다. 색상 선정에 어려움이 있다면 금속재는 검정색을 바르는 것이 무난하다. 다른 재료가 가진 장점을 잘 살려준다.

② 도배, 몰딩, 스위치·콘센트 커버의 삼각관계

도배 작업을 쉽게 생각하는 사람들이 의뢰로 많다. 하지만 도배 공사는 결코 만만치 않은 작업이다. 특히 천장 도배 작업을 일반인이 깨끗하게 붙이기는 거의 불가능에 가까울 정도다. 도배는 업체가 워낙 많다 보니 경쟁이 치열해지면서, 자연히 견적 금액도 저렴한 편에 속한다. 그러니 도배업체에 맡기도록 하자. 일반 인테리어 업체보다 지물포(도배·장판 전문)가 더 저렴하게 시공이 가능하다. 일반 인테리어 업체와는 달리 지물포는 매장 주인이 현장에서 직접 도배 작업을 하기 때문에 인건비가 절감된다. 지물포는 보통 재래시장 안이나 단독주택가 주변에 많다.

가급적 벽지를 바르기 전에 천정 몰딩은 새로 시공하거나 페인트칠을 해놓는 게 좋다. 아무리 좋은 벽지로 도배를 해도 몰딩이 허름하면 모양새가 안 좋다.

보통 깨끗하게 도배를 해놓고 나면 눈에 띄는 것이 있다. 바로 누런 스위치와 콘센트 커버이다. 도배하기 전에는 눈에 띄지 않았지만, 깨끗이 벽지를 발라 놓으면 누렇게 색이 바란 커버가 눈에 거슬린다.

> **Tip**
>
> **스위치·콘센트 교체하기**
> 1. 본래 있는 스위치가 2등용 스위치인지, 3등용 스위치인지 잘 확인하고, 같은 개수의 스위치를 구매한다.
> 2. 분전반의 조명 차단기를 내린다.
> 3. 일자 드라이버로 커버를 옆으로 밀어 제거하고 나사를 푼다.
> 4. 분리해 놓은 전선을 새 스위치에 설치한다. 기존 스위치를 제거할 때 사진을 찍어 놓든지 테이프로 미리 번호를 매겨 놓아서 새 스위치에 설치할 때 반드시 전에 꽂은 위치와 같은 곳에 꽂아야 한다. 3등용 스위치 이상이 되면 전선이 매우 복잡하다. 만약 스위치 교체가 부담스러우면 커버만 교체해도 된다.
> 5. 새 스위치의 나사를 조이고 커버를 설치한다.

> **Tip**
>
> **콘센트 교체 방법**
> 1. 본래 있는 콘센트가 1구용 콘센트인지, 2구용 콘센트인지 잘 확인하고, 같은 개수의 스위치를 구매한다.
> 2. 분전반의 콘센트 차단기를 내린다.
> 3. 일자 드라이버로 커버를 옆으로 밀어 제거하고 나사를 푼다.
> 4. 분리해 놓은 전선을 새 콘센트에 연결한다. 전선이 바뀌면 누전의 위험이 있다. 기존 콘센트를 제거할 때 사진을 찍어 놓든지 테이프로 미리 번호를 매겨 놓아서 새 콘센트에 설치할 때 반드시 전에 꽂은 위치와 같은 곳에 꽂아야 한다.
> 5. 새 콘센트의 나사를 조이고 커버를 설치한다.

③ 조명 교체

> **Tip**
>
> **조명 교체 방법**
> 1. 분전반에서 조명 차단기 스위치를 내린다. 혹시 헷갈리면 전체 차단기를 내린다.
> 2. 조명 커버를 벗기고, 램프도 빼 놓는다.
> 3. 전선 연결 단자를 뽑아내고 조명 몸체의 나사를 푼다.
> 4. 새 조명 몸체는 나사를 박아 천장에 고정시키고 전선을 꽂고 램프를 연결한다.
> 5. 차단기를 다시 올리고 빛이 들어오는 것을 확인힌다.
> 6. 조명 커버가 있다면 설치한다.

조명만 교체해도 집이 넓고 환해 보인다. 조명은 램프 개수에 따라 2, 3, 4, 5, 6등 조명으로 구분하는데 욕실은 2등, 작은방은 3등, 안방은 4등, 거실은 5등 내지 6등을 많이 사용한다. 커버는 보통 아크릴이나 유리를 많이 사용한다. 조명의 수명은 램프에 있으니 좋은 램프를 사용하자. 조명은 한두 번만 해보면 누구나 쉽게 달 수 있다. 예전에는 니

퍼로 전선 비닐을 없애고 전선을 겹쳐서 비닐 테이프를 감았지만, 요즘은 연결 단자에 그냥 꼽기만 하면 된다. 물론 분전반(두꺼비집)에 있는 조명 차단기를 반드시 내리고 설치해야 안전하다.

   조명의 밝기는 매매주택연출에서 가장 중요하다. 반드시 밝은 조명으로 집 전체를 환하게 비추자.

④ 욕실

욕실 전체를 시공하게 되면 실제 공사비만 200만 원 이상 든다. 이 말은 시공 업체에 맡기면 그 이상의 견적이 나온다는 의미다. 전체를 다 수리하기에는 부담스러운 금액이다. 그보다 욕실공간은 부분적으로 수리하는 방법을 찾아보자.

▨ 위생 기구만 교체할 때

변기, 세면대, 액세서리 등의 교체는 약간의 손재주가 있다면 얼마든지 일반인도 가능하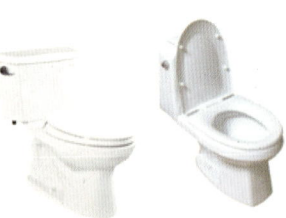
고, 이 위생기구들만 교체하면 문제가 없다. 제품 시공 설명서를 잘 읽고 설명서대로 교체하면 된다. 특히 변기 물탱크 부속품은 소모품이므로 교체할 일이 있을 것이다. 휴지걸이, 비누걸이 등의 액세서리는 드릴로 구멍을 내고 칼블럭을 반드시 꽂아 나사를 조여야 한다.

▨ 천장재만 교체할 때

리빙우드, 돔 천장 등 욕실 천장재도 별도로 교체가 가능하다. 기존 리빙우드에 있는 몰딩을 먼저 제거하고 나사를 풀고 제거한 다음 새 리빙우드를 설치해도 된다.

▨ 타일만 교체할 때

타일만 별도로 시공하는 것은 불가능하다. 왜냐하면 타일을 설치하려면 먼저 위생기구를 철거한 후 타일을 시공하고, 다시 철거했던 위생기구를 재설치 해야 하기 때문이

다. 차라리 욕실 전체를 새로 공사하는 편이 나을 수도 있다. 물론 기존 위생기구를 칠거하지 않고 타일을 시공할 수도 있겠지만 시공 후 마감이 좋지 않다.

▨ 타일 줄눈만 교체할 때

타일만 별도로 시공하기 힘들기 때문에 타일 줄눈만 새롭게 시공하는 경우도 있다. 왜냐하면 타일을 교체하는 대부분의 이유는 타일 줄눈

이 곰팡이나 때로 지저분하기 때문이다. 기존 타일 줄눈을 금속헤라 등으로 제거하고 바닥 타일을 깨끗이 청소한 후 백시멘트를 새롭게 바르는 방식이다. 이것마저 여의치 않다면 타일 줄눈 코팅제를 발라도 좋다.

■ 배수구에서 냄새가 올라올 때

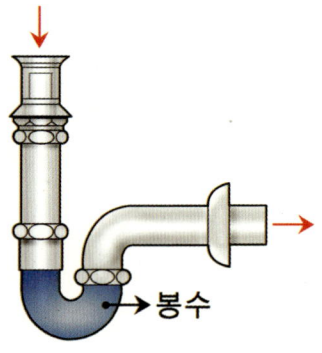

배수구에는 항상 일정량의 물이 채워져 있다. 이것을 '봉수'라고 하는데, 이 봉수가 배수구 밖에서 들어오는 냄새나 벌레를 차단해 준다. 그런데 오랫동안 비워 둔 집이라면 이 봉수가 말라 버린다. 그래서 자연히 밖에서 좋지 않은 냄새가 봉수를 타고 집으로 유입되는 것이다.

해결법은 간단하다. 물만 한 번 부어 주면 냄새가 나지 않는다. 하지만 유가(배수구) 자체에 봉수 기능이 없거나 유명무실한 제품이 있을 수도 있다. 만약 그런 제품이 설치되어 있다면 유가에 봉수부분만 새롭게 교체하면 문제는 간단히 해결될 것이다.

욕조 실리콘 교체할 때

곰팡이가 있는 기존의 욕조 실리콘을 커터 칼로 제거하고 새 실리콘을 바른다. 이때 실리콘 바를 자리만 제외하고 욕조 위아래에 마스킹테이프를 먼저 붙인 후 실리콘을 발라야 한다. 실리콘이 마르고 나서 마스킹테이프를 제거하면 깨끗하게 처리되어 있을 것이다. 실리콘은 바른 후 손가락에 물을 묻히고 직선으로

한 번만 쭉 문질러 주면 전문가 부럽지 않은 마감이 된다. 하루 정도는 물을 사용하지 않는 것이 좋다. 새롭게 실리콘을 바르는 것만으로 새 욕실이 될 수도 있다.

⑤ 주방

주방의 중요성은 아무리 강조해도 지나치지 않다. 특히 주부에게 주방의 의미는 각별하다. 실제로 주방이 예쁘면 전세는 물론 매매 계약도 잘된다. 주방 전체를 바꾼다면 좋겠지만, 이 역시 비용이 문제다.

물론 방법은 있다. 60~80만 원대의 최저가 싱크대를 설치하면 된다. 이런 장을 보통 '막장' 또는 '도날드장'이라고 하는데, 실제로 경매 물건을 팔 때나 전세를 놓을 때 이런 싱크대를 설치하는 경우가 많다. 하이그로시 이상의 제품은 최소 150만 원 이상이라 가격이 부담스럽기 때문이다. 싱크대가 도저히 사용 불가능하다면 전체를 교체해야겠지

만, 그렇지 않다면 부분 수리도 가능하다.

▨ 싱크대 도어만 교체할 때

싱크대는 도어만 교체해도 새 것처럼 보인다. 현관장이나 붙박이장도 마찬가지. 물론 모든 도어의 치수를 재고 주문해야 한다. 주변 싱크대 업체에 문의해보자.

▨ 싱크대 도어만 리폼 할 때

원목이나 무늬목 도어이라면 페인트칠도 가능하지만, 고급 싱크대에 칠을 한다는 건 왠지 아깝게 느껴질 수 있다. 더구나 하이그로시 등 기타 다른 도어에는 페인트칠이 안 된다. 그럴 때는 필름으로 리폼을 한다. 직접 필름을 붙인다면 저렴하게 싱크대를 리폼 할 수 있지만, 필름전문가 불러서 작업한다면 차라리 도어를 교체하는 게 낫다. 그만큼 필름작업에는 인건비 비중이 크다는 의미다. 단, 직접 필름을 붙일 때 매끄럽지 않게 되었다면 필름작업을 하지 않는 것이 낫다. 현실적으로 예쁘게 붙이기가 힘들다.

■ 싱크대 상판만 교체할 때

싱크대 상판만 별도로 교체가 가능하다. 하지만 상판 교체 시에는 싱크볼도 같이 교체해야 한다는 점은 알고 있어야 한다.

■ 싱크대 상판 리폼할 때

PT상판(라미네이팅 처리)은 리폼이 불가능하지만 인조대리석 상판의 경우 리폼이 가능하다. 인조대리석의 스크래치나 상처 부위를 사포질하고 왁스를 바르면 마치 새 것처럼 깨끗해진다. 인터넷에서 싱크대 상판 리폼 전문업체를 찾아 의뢰하면 된다.

■ 싱크대 상판과 도어를 같이 교체할 때

싱크대 상판과 도어를 같이 교체하느니 차라리 싱크대 전체를 새로 설치하는 것이 현명한 방법이다. 실제로 싱크대 몸통은 견적에서 큰 비중을 차지하지 않는다.

▨ 도어 손잡이 교체할 때

싱크대는 낡은 손잡이만 교체해도 훨씬 예뻐 보인다.

> **Tip**
>
> **손잡이 교체 방법**
> 1. 전동 드릴로 기존 손잡이 나사를 풀어 제거한다.
> 2. 싱크대 도어의 두께 치수를 재고, 도어 두께보다 3mm 정도 더 긴 볼트를 구매한다. 물론 제거해 둔 기존 손잡이와 나사 구멍이 일치하는 새 손잡이도 같이 구매한다.
> 3. 기존 자리에 새 손잡이를 설치한다.

▨ 주방벽 타일 교체

기존 주방에 벽타일은 그대로 두고 싱크대만 교체하는 것은 마치 벽지를 바르고 몰딩과 스위치 커버는 교체하지 않은 모습과도 같다. 싱크대가 새 제품처럼 보이지 않을 수 있다는 이야기다. 그만큼 주방벽 타일은 주방전체의 분위기를 좌우한다.

일반적으로 욕실, 발코니 타일은 타일전문가에게 맡기는 것이 좋지만, 주방 벽타일은 비교적 쉽게 일반인도 할 수 있는 작업이다. 일반적으로 벽면 타일 시공은 비교적 쉽게 할 수 있는데 비해, 바닥타일은

일반인이 시공하기는 힘들다. 왜냐하면 바닥은 물이 하수도로 쉽게 흘러가도록 조금씩 기울기가 있기 때문이다. '바닥구배'라고 말한다.

그리고 인테리어 공사 시 타일은 기존 타일을 철거하지 않고 그 위에 덧붙이는 경우가 대부분이다. 흔히 '덧방 시공'이라고 한다. 하지만 기존 타일을 철거하고자 한다면 타일전문가를 부르는 게 낫다. 타일을 철거하고 나면 미장을 먼저하고 다시 타일을 붙여야 하기 때문에 그리 만만하지 않다.

> **Tip**
>
> **벽타일 시공 방법**
> 1. 시공할 면에 구멍이 있다면 백시멘트로 메우고 깨끗하게 처리한다.
> 2. 타일본드를 벽면에 빗살무늬 형태로 골고루 발라 준다.
> 3. 타일을 크기에 맞게 잘라 가면서 위에서 아래로 간격을 맞추어서 붙여 나간다. 타일을 자를 때는 타일 커터기를 이용하지만, 커터기가 없다면 그라인더를 이용한다.
> 4. 다 붙였으면 3시간 이상 건조시킨다.
> 5. 백시멘트에 물을 섞어 밀가루 반죽처럼 만든다. 치약과 같은 농도가 적당하다.
> 6. 타일과 타일 사이의 줄눈에 반죽된 백시멘트를 꼼꼼히 채워 준다.
> 7. 회색이던 백시멘트가 백색으로 변해가면 물에 적신 스펀지로 백시멘트를 부드럽게 닦아 낸다.
> 8. 그 후 2~3번 더 닦아 내면 타일 시공이 완성된다.

03

컬러가 인테리어를 좌우한다

색에 대한 여러 가지 이론들이 있다. 그렇지만 그 이론들은 인테리어 디자인을 하면서 반드시 알아야 할 필요는 없다. 이 책에서는 이론보다 공간별로 실제 적용하는 이미지를 중심으로 이야기하고자 한다. 이 느낌이 자연스럽게 이해되면, 우리 집에 칠하고자 하는 컬러를 제대로 고를 수 있다.

주거의 색채 계획은 기본적으로 대비가 강하지 않도록 하는 것이 좋다. 주택은 휴식과 안정을 위한 공간이며, 많은 시간 머무는 공간이므로, 너무 유행을 따르면 금방 싫증이 난다. 따라서 대비가 너무 강하지 않게 온화한 배색을 사용하여 전체적으로 따뜻한 느낌이 들도록 색채 계획을 세우는 것이 좋다.

색채 계획을 세울 때는 먼저 주조색을 결정하고 보조색을 한두 가지 정도 사용하는 것이 좋다. 그리고 주목을 끌기 위해 포인트색을 한 가지 활용해서 전체적으로 색상의 가짓수가 많지 않도록 해야 한다. 실내의 색은 개인적인 취향을 고려하는 것보다 통일된 색상을 갖도록 하는 것이 좋다. 그리고 넓은 공간은 조금 어두운 색으로, 좁은 공간은 조금 밝은 색으로 결정한다.

공간과 부위별 색채 계획

① 천장은 흰색 또는 가능한 한 이에 가까운 밝은 색이 좋고, 실내의 조명 효율을 높이는 색이 좋다. 벽과 동색 계통으로 할 때는 벽보다 명도가 높은 쪽이 무난하다.
② 천장 몰딩은 천장 색과 맞추는 것이 자연스럽다. 지나치게 눈에 띄는 색은 몰딩에만 시선을 집중시켜 다른 곳을 보지 못 하게 만든다.
③ 벽은 천장보다 조금 무겁게 보이기 위해 중간색으로 하는데, 가급적이면 원색은 피하는 것이 좋다.
④ 걸레받이는 벽과 같은 계통의 색이나 그보다 명도가 낮은 진한 색

을 사용하여 방의 형태와 바닥 면적의 스케일감을 명료하게 해야 한다. 바닥 색과 맞추는 것도 자연스럽다. 벽체 디자인에 자신 있다면, 과감하게 천장 몰딩과 같은 색을 사용하면 벽체에만 시선을 집중시킬 수도 있다.

⑤ 바닥은 조금 진한색이 안정감 있다. 명도는 아래로 갈수록 낮게 하는 것이 좋기 때문이다. 반대로 반사율은 보통 '천장 > 벽 > 가구 > 걸레받이 > 바닥' 순으로 하면 좋다.

⑥ 주방은 식욕을 돋우는 난색 계통을 선택한다. 만약 다이어트를 원하면 과감하게 한색 계통을 선택해도 좋다.

⑦ 거실은 안정감을 주는 약간 어두운 색을 쓴다. 대신 천장 조도를 조절할 수 있다면 필요 시 공간을 밝게 만들 수도 있다. 거실은 가족이 하루 일과를 마치고 쉼을 얻는 장소이지만, 손님을 맞이하는 공간이기도 하다. 개인의 취향보다는 가족 전체의 편안한 휴식처가 되어야 한다.

⑧ 욕실은 반사광이 심하므로 저채도의 색이 적합하다.

⑨ 안방은 편안한 잠자리에 들 수 있도록 따뜻한 느낌의 색을 선택하면 좋다. 지나치게 여러 벽에 포인트 벽지를 사용하면 숙면에 방해가 될 뿐이다. 그렇지만 방은 개인마다 취향이 있으므로 개성대로 선택해도 좋다.

⑩ 아이 방은 전체적으로 연두색 계열과 하늘색 계열이 무난하다. 물론 색은 개인마다 선호도가 다르다. 하지만 만약 우리 아이가 차분한 성격이라면, 운동 신경을 발달시켜 주는 노란색 또는 교감 신경

계를 자극하는 빨간색 등 밝은 원색이 좋다. 반대로 학습의 분위기를 만들어 주고 싶다면, 파스텔 톤의 연두색이나 하늘색, 아이보리, 베이지 등 비교적 차분한 색감을 사용하는 것이 좋다.

PART 9

주택 유형별
구매자 선택 포인트

01 단독주택의 선택 포인트

잠재 구매자는 어떤 단독주택에 매력을 느낄까? 소비자는 어떤 조건의 어떤 집을 선택해야 하나? 이러한 질문에 답하다 보면 구매자의 선택 포인트를 알게 될 것이다. 그래서 매매주택연출을 하다보면 더 좋은 집을 더 싸게 매입할 수 있는 '팁'이 생긴다.

단독주택은 무엇보다도 건물 가격이 거의 포함되지 않은 집, 다시 말해 보통 20년 이상 된 주택을 구매하는 게 유리하다. 그래야 저렴하게 매입할 수 있고, 번듯하게 고쳐서 직접 살기에 편리하게 맞출 수 있으며, 추후 재테크를 위해 이익을 남기고 팔기에도 유리하다. 그 외에도 주택을 매입하기 전 몇 가지 유념해야 할 사항들이 있다.

① 인접도로

최소 3m 이상 도로와 인접해 있어야 추후 증축[1], 개축[2] 이 쉬워진다. 물론 그 이상의 폭으로 도로와 가까이 있으면 더욱 좋다. 하지만 도로보다는 골목 안에 있는 집이 더욱 저렴하고 주거의 안정감도 있다는 점도 기억하자.

단독주택이 골목 안에 있는 것이 장점이 될 수도 있지만, 그 골목은 평지여야 한다. 골목에서 다시 계단이 있는 집은 어린아이가 있는 부부나 거동이 불편한 노인들은 구매를 꺼린다. 또한 도로보다 낮은 대지에 위치한 주택이라면 장마철 폭우에 취약할 수 있기 때문에 집중호우에도 배수가 잘 된다는 점을 꼭 인식시켜 주어야 한다.

Photo
위 사진 속 주택의 골목은 채 2m도 되지 않는 길로 골목 안에서 다시 계단을 올라가야 한다. 골목이라도 최소 3m 이상은 길이 확보된 곳이 좋고 계단이 있으면 노약자가 매우 불편하다.

② 대지면적

대지면적은 될수록 넓은 평수가 좋다. 대지가 165㎡(50평) 이상이면 추

---

1 증축 : 기존 건축물이 있는 대지에서 건축물의 건축면적, 연면적, 층수 또는 높이를 늘리는 것을 말한다.
2 기존 건축물의 전부 또는 일부를 철거하고 종전 규모와 같거나 그보다 작게 건축하는 행위를 말한다.

후 빌라, 원룸 등으로도 개발이 가능하기 때문이다. 물론 평생 살 집을 생각한다면 예산에 맞춰 주택크기를 결정하겠지만, 25평 이하의 대지를 가진 집은 어쩔 수 없이 답답한 구조의 형태로 이루어져 있거나, 수직으로 높은 구조로 만들어져 불편한 점이 많다. 이 또한 유아, 노인, 장애인이 있는 가정에서는 선택하기 어렵다.

③ **불법건축물**

만약 주택에 무단으로 증축, 개축된 불법 건축물이 있다면 관공서가 철거 대상으로 간주하여 강제 이행금이 부과될 수도 있다. 구매자 입장에서는 건축물대장을 열람해 등재 여부를 확인하는데, 만약 불법건축물이라면 구매자는 꺼리는 것은 당연하다. 보통 국토교통부에서 7년마다 한 번씩 불법건축물 양성화 기간을 주는데, 이때 꼭 양성화해 놓는 것이 좋다. 그 기간이 아니라도 합법화할 수 있는 방법들을 우선 찾아보자.

④ **마당**

단독주택의 최대 매력은 바로 마당이다. 마당 때문에 단독주택을 선택한다고 해도 과언이 아닐 정도다. 나 역시나 단독주택을 고를 때 마당의 크기를 가장 중요한 가치로 둔다. 만약 마당에 창고나 불필요한 물건이 있어 마당이 좁게 느껴진다면, 최대한 정리해서 마당공간을 최대한 넓게 보이도록 해야 한다. 시멘트바닥으로 이루어진 마당에 잔디와 식물 등으로 꾸며 놓는다면 죽은 마당이 다시 살아난 느낌이

들 것이다. 살아 숨 쉬는 마당만 봐도 잠재 구매자는 구매 유혹을 느낀다. 그들은 이곳에서의 평화로운 삶을 마당을 통해 상상하는 것이다. 잔디가격은 생각보다 저렴하다.

⑤ 주차장

주차장이 있는 단독주택은 도로가에 있다는 점, 도시가스가 들어와 있다는 점 등을 자연스레 증명하는 것이다. 단독주택에 주차할 수 있는 공간이 있다면 좋겠지만, 대체로 가격대가 높다. 하지만 최근에 담장을 없애고 이 공간을 주차공간으로 활용하는 사례가 늘고 있다. 구청에서 지원금을 주는 곳도

Photo
마당이 넓다고 해서 모든 집이 다 주차가 가능한 것은 아니다. 위 사진 속의 집은 대지가 150평이지만 옹벽 위에 있어서 담을 허물고 주차장을 만들 수 없다.

많으니 꼭 확인하고 가능하다면 주차장을 만들자. 단독주택을 선택하는 기준 중에 주차장의 유무로 판단하는 사람들이 많다. 요즘 각 가정마다 자동차 한 대 이상을 보유하고 있고, 특별히 고급승용차를 가진 사람들은 주차장을 더욱 선호한다는 사실을 기억하자.

⑥ 도시가스

도시가스도 단독주택 매입 결정에 큰 영향을 끼치는 요인 중 하나다. 만약 도시가스가 들어오지 않는 지역의 주택을 부동산에 내놓았다면, 도시가스 설치 후에 내놓는 것이 좋다.

도시가스를 설치하면 주택의 가치도 상승하고, 더 빨리 매도된다. 도시가스는 당연한 조건이라고 생각하는 구매자가 많기 때문이다. 사실 단열이 잘 된 단독주택이라면 도시가스든 기름보일러이든 간에 난방비용에 큰 차이는 없지만, 구매자의 생각은 다르다. 잠재 구매자의 개념으로는 도시가스와 기름/LPG의 난방비용 차이는 엄청나다.

⑦ 정화조

종말처리장을 가진 하수가 있는 구역 외에는 오수를 정화조로 정화 처리한 후 하수도에 방류한다. 종말처리장으로 바로 가는 직관이 있으면 좋겠지만, 개인이 바꿀 수 있는 사항은 아니다.

⑧ 외부화장실

외부화장실을 내부로 옮기는 작업은 쉽지 않다. 잠재 구매자가 신축,

또는 리모델링을 계획하고 집을 매
입한다면 문제될 것이 없지만, 대부
분은 기존 주택을 간단하게 인테리
어하고 입주하는 것을 생각한다. 전
세로 내놓는다고 하더라도, 요즘 외
부화장실을 사용해야 하는 전셋집에
들어가기를 원하는 사람들이 얼마나
되겠나. 그러니 외부화장실을 집안
으로 옮기는 작업을 하고 집을 부동

산에 내놓아야 한다. 내부에 있는 다용도실이나 창고공간을 살펴보고
화장실 위치를 정해 보자. 특히 정화조 위치를 확인하고 정화조와 가
까운 공간에 화장실을 설치해야 공사비용이 비교적 적게 든다.

⑨ 수압

주부들은 집을 보러 가서 반드시 수도꼭지를 틀어 수압을 확인한다.
수압이 약하면 생활이 얼마나 불편한지 잘 알기 때문이다. 언덕 위에
있는 집을 제외하면 대체로 수압은 물탱크 방식보다는 직수가 좋다.
어떤 방식이든 수압이 약하다면 가압펌프라도 사용해서 수압을 높이
는 방법을 강구해야 한다.

⑩ 난방

일반 구매자는 단열이 잘 된 집에 있으면 난방도 잘 되었다고 인식한

다. 난방이 잘 안 되었다고 느끼는 경우는 대부분 난방파이프에 에어가 차서 더운 공기가 안 올라오는 경우다. 우선 난방 분배기에서 에어를 빼내자. 그러면 집이 훨씬 따뜻해 질 것이다.

  겨울에 집을 매도하려고 하는 건물주가 있다면, 늘 난방기를 가동해 집안공기를 따뜻하게 해 놓아야 한다. 잠재 구매자는 밖에서 추위에 떨다가 따뜻한 집안으로 들어오면 마음까지 따뜻해지면서 이 집에 편안함을 느낀다. 그렇게 되면 우리 집은 잠재 구매자가 구매 욕구를 느낄 만큼 매력적인 집으로 변한다. 바닥 난방파이프의 연수는 보일러 분배기에 연결된 파이프 상태를 보면 쉽게 확인 할 수 있지만, 대부분의 소비자는 보일러의 연수만 확인한다. 오래된 보일러라면 미리 교체해 놓는 것이 좋다. 하지만 난방 역시 구조변경을 포함한 공사를 하는 구매자를 만난다면 문제 될 것은 없다.

Photo
구조변경공사는 난방공사와 전기공사가 반드시 동반된다. 구조변경공사 자체 비용보다 추후 이어지는 작업에서 비용이 많이 발생한다.(이 부분은 다음 장에서 자세히 다루겠다.)

02

신축보다 비용 더 드는 리모델링을 하지 않기 위해 미리 확인해야 할 사항들

주거용 리모델링을 염두에 두고 무턱대고 주택을 샀다가는 신축보다 돈이 더 드는, 배보다 배꼽이 더 큰 경우도 심심찮게 볼 수 있다. 이에 전문가의 입장에서 주거용 리모델링까지 할 생각으로 낡은 집을 구매하려고 할 때 확인해야 할 사항들을 설명한다.

리모델링은 건축물의 노후화 억제, 또는 기능 향상 등을 위해 대수선[1]을 하거나 일부 증축하는 행위를 말한다. 일반적으로 리모델링이라 함은 기존 골조를 최대한 살리고 나머지 부분들의 공사를 진행하는 것으로 인식한다. 리모델링과 신축의 결정적 차이점은 기초공사와 골조공사를 하는가, 하지 않는가의 차이이다. 그렇다면 어떤 주택이 신축보다 리모델링 비용이 더 들까? 한마디로 말하자면, 골조부분에 대한 보수를 많이 해야 하는 집이 비용 면에서 부담이 크다. 골조보수공사에 엄청난 비용이 드는 집이라면 차라리 신축이 나을 수도 있다는

---

1 대수선 : 기둥, 보, 지붕틀 등 건축물의 주요 구조부를 해체하여 수선, 변경 또는 증설하는 행위는 수선의 범위를 넘기 때문에 대수선이라 한다.

의미다. 흔히 내력벽, 기둥, 바닥, 보, 지붕틀 및 주 계단을 주요 구조부라고 말한다. 건물의 주요 구조부를 중심으로 피해야 할 주택을 살펴보자.

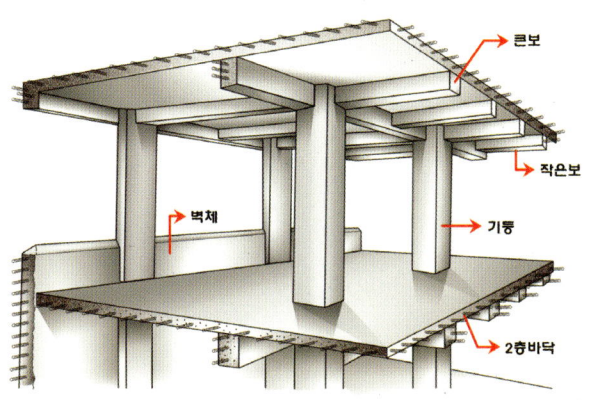

Photo
- 바닥 : 공간을 막아 놓은 밑바닥을 말한다. 건물의 수평체라 할 수 있다.
- 벽 : 수직으로 공간을 막는 것이다. 그 중에 건물외부에 있는 벽을 외벽이라 하고, 건물 내부에 있는 벽을 내벽이라 한다.
- 기둥 : 보에서 내려오는 하중을 기초로 전달하는 부재이다.
- 보 : 위층 바닥의 하중을 기둥에 전달하는 것이다. 큰 하중을 지탱하는 큰 보와 작은 하중을 지탱하는 작은 보가 있다.

① 준공 연도

준공 연도는 건축물대장에 표시되어 있다. 대체로 준공 연도가 오래된 건물은 가치가 없다. 만약 매도할 건물이 40년 이상 된 주택이라면 매매주택연출 해서 팔지, 그냥 있는 그대로 부동산 시장에 내놓을지 고민해야 한다. 40년 이상 된 주택의 잠재 구매자는 신축이나 리모델링을 생각하고 집을 매입할 가능성이 더 크기 때문이다. 신축이나 리모델링을 생각하는 구매자에게 매매주택연출은 의미 없다.

② 균열

외벽의 균열을 확인한다. 특별히 가로로 생긴 균열은 건물 전체를 무너트릴 수도 있기 때문에 조심해야 한다. 균열이 생긴 곳은 미리 퍼티나 미장 등으로 조치를 취해야 한다. 잠재 구매자는 오래된 주택일수록 주택의 균열에 민감하다.

③ 구조

구조변경이 쉬운 가변형 주택으로 만들려면 기존의 벽에 하중을 받는 벽식구조[2]가 아닌 라멘 구조[3]로 지어진 주택이 좋다. 하지만 이미 완성된 주택의 구조를 바꿀 수는 없다. 불행히도 대부분의 일반 단독주택은 벽식구조로 되어 있다.

---

2 벽식구조 : 벽자체가 기둥과 보의 기능을 한다. 벽체는 위에서 내려오는 하중(힘)을 받는 내력벽이다.
3 라멘구조 : 세로로 서 있는 기둥과 가로로 걸쳐 있는 보로 이루어져 있다. 벽체는 위에서 내려오는 하중(힘)을 받지 않고 칸막이 역할만 하는 비내력벽이다.

라멘구조(보+기둥)

벽식구조(벽이 보와 기둥 역할)

④ **골조재료**

이제는 골조재료를 확인해 볼 차례. 단독주택은 철근콘크리트, 시멘트벽돌, 시멘트블록, 경량목재, 경량스틸, ALC 등의 재료를 사용한다. 비교적 철근콘트리트와 시멘트벽돌로 만든 주택은 내구연한이 오래 가는 편이다. 다른 재료는 부분철거 후 강도 측정을 해 보아야 한다. 특별히 시멘트블록조는 이미 벽체가 약해진 경우가 많고, 목조는 구조목재가 개미 등에 상처를 입어 약해진 경우도 많다. 기존구조 전체를 보강해야 하는 상황이라면 차라리 신축이나 개축을 하는 것이 현명할 수 있다.

블록조

벽돌조

철근콘크리트조

목조

⑤ 지붕

평지붕은 우레탄방수 처리로 대부분의 누수를 잡을 수 있다. 그렇지만 경사지붕의 경우 기존 지붕재료에 따라 마감 재료를 선택한다. 경사지붕의 재료를 새롭게 시공한다는 것은 공사비용이 많이 상승한다는 의미. 특별히 석면으로 만든 슬레이트지붕이라면, 기존 슬레이트를 철거하고 새로운 지붕마감재를 다시 시공해야 한다. 석면지붕철거는 구청에서 지원금을 받을 수 있으니 반드시 확인하고 시공해야 한다.

    평지붕으로 이루어져 옥상이 있는 주택이라면 잠재 구매자는 옥상 공간을 어떻게 사용할지를 상상한다. 충분히 상상할 수 있도록 옥상을 최대한 깨끗이 정리해놓자. 만약 옥상에 간단하게 잡을 수 있는 누수가 있다면 반드시 방수조치를 해야 한다. 내부 천정의 작은 누수자국이 평생 집을 매도하지 못하게 만드는 원인이 될 수도 있다.

평지붕   경사지붕

일반적으로 사람들은 단독주택을 평생의 안식처로 인식하는 경향이 있다.(실제로 40대 이상 독자라면 어릴 적 추억 대부분이 단독주택과 연결되어 있다는 걸 떠올리면 이해가 쉬울 것이다. 집을 팔고는 며칠을 울었다거나, 공연히 옛집 수변을 서성이는 전 주인을 본 경우도 많을 것이다.) 단독주택에 대한 사람들의 애착은 크다. 그런데 이러한 점이 그동안 단독주택의 매매가 활발하지 않은 이유이기도 했다.

잠재 구매자가 단독주택을 구매하는 이유는 다양하다. 다시 한 번 말하지만, 단독주택 구입을 염두에 둔 잠재 구매자가 리모델링이나 신축을 고려하는 사람이라면 매매주택연출을 할 필요가 없다. 단지 집의 가격을 낮추는 것으로 충분하다.

03

리모델링을 목적으로 할 때
절대 선택해서는 안 되는 구옥의 유형

● 사례 1)

① 블록조+슬레이트지붕 주택

② 목조+금속지붕 주택

사진①의 주택인 경우 이미 약해진 블록조 벽체에 석면으로 만든 슬레이트지붕을 올렸다. 이런 집의 경우 전체를 리모델링하는 것보다 새로 건물을 짓는 것이 장기적으로 유익할 수 있다. 사진②의 경우 기존목조주택에 금속지붕을 새로 시공한 경우다. 이런 주택은 준공연도가 매우 오래되었을 뿐 아니라, 목조와 시멘트면 사이의 틈을 보수하기가 쉽지 않다. 외벽마감재를 덧붙이는 방식으로 리모델링할 수 있겠지만, 준공

연도를 감안하면 이 주택 또한 전체를 리모델링하는 것보다는 새로 건물을 짓는 것이 나을 수 있다.

● 사례 2)

① 블록조+슬레이트지붕 주택

② 블록조목조+기와지붕 주택

사진①의 주택은 이미 약해진 블록조 벽체에 석면으로 만든 슬레이트 지붕을 올렸다. 그 위에 천막을 올려놓았다. 누수가 이미 걷잡을 수 없이 많이 진행되었다는 증거다. 이런 집의 경우 반드시 새로 건물을 지어야 한다. 사진②는 블록조에 기와지붕을 올린 경우다. 그리고 누수가 있어서 방수칠을 한 번 더 입혔다. 이런 주택의 경우는 리모델링을 할 수도 있겠지만, 준공연도를 감안하면 이 주택 또한 전체를 리모델링하는 것보다는 새로 건물을 짓는 것이 나을 수 있다. 하지만 농가나 해안가에 자리 잡은 건물이라면 용도변경과 리모델링 후 충분히 살만한 집으로 만들 수도 있다.

● 사례 3)

Photo

단독주택 중 위 사진 속 집들 같은 경우는 충분히 리모델링 할 가치가 있는 집이다. 왼쪽의 집은 평지붕 위에 2층 증축도 가능하다. 오른쪽 집은 단독주택에 다락방이 있는 경우인데, 이런 집은 리모델링을 하면 매우 흥미로운 공간을 구성할 수 있다.

● 사례 4)

Photo

2층 이상의 주택들은 대체로 리모델링하기에 큰 무리가 없다. 처음 지을 때부터 단층주택보다는 튼튼하게 집을 짓기 때문이다. 하지만 1층에 구조변경을 한다면 반드시 전문가의 조언이 필요하다.

개인적인 생각으로, 리모델링보다는 신축을 하는 것이 훨씬 유리하다고 판단하는 주택을 매매계약하고 컨설팅 의뢰를 하는 이들이 종종 있다. 그럴 때 나는 고객에게 '계약 취소가 가능한지 먼저 조율해 보자'고 이야기한다.

리모델링이 신축보다 무조건 경제적이라는 생각에서 벗어나야 한다. 그래야 합리적인 생각을 할 수 있다. 비용을 줄이고자 선택한 일인데, 종종 전혀 예상치 않은 반대 상황이 연출돼 당황하는 경우를 많이 본다.

04

아파트와 빌라의 선택사항

'잠재 구매자는 어떤 공동주택에 매력을 느낄까?'
'소비자는 어떤 조건의 어떤 집을 선택해야 하는가?'

위와 같은 질문들에 답하다 보면 공동주택을 원하는 구매자의 선택 지점들을 알 수 있다. 지난 몇 십년간 사람들은 아파트 같은 공동주택을 평생의 안식처로 여기기보다는 재산 증식의 수단으로 취급해왔다. 그러나 부동산 거품이 꺼지고 있는 요즘과 같은 시점에서 다른 주거공간과 마찬가지로 아파트 역시 실거주자 중심으로 바뀌고 있다. 기존의 아파트 구매자들이 부동산가격이 상승하면 집을 팔고 다른 곳으로 옮길 생각을 많이 했다고 하면, 최근에는 부동산의 가치보다는 오랜 삶의 안식처로 아파트를 선택하는 경우가 늘고 있다는 의미다.

공동주택은 단독주택과 반대로 땅의 가치보다는 건물의 가치 비중이 높은 편이다. 그래서 아파트 잠재 구매자들은 건물에 많이 집중하는 측면이 비교적 강하다. 이제 구매 시 선택 사항을 살펴보자.

① 위치

아파트는 위치가 매우 중요하다. 학군, 학원, 주변 편의시설, 교통편의 등이 중요한 판단 기준이다. 오래된 아파트라도 위치가 좋으면 가격은 크게 하락하지 않는다. 빌라는 대체로 짓고 나서부터 계속 가격이 하락하는 경향이 있고, 대부분 주택밀집지역에 단독주택들과 함께 들어서 있다. 그래서 가끔 주변 환경이 더 좋아지는 경우도 종종 생기지만, 대개 아파트단지보다는 주변 환경이 좋다고 볼 수 없다. 물론 아파트와 빌라, 모두 위치를 바꿀 수 없다.

② 규모

공동주택은 단지의 규모도 중요한 가치 판단의 기준이 된다. 이른바 '나홀로 아파트'보다는 대단지 아파트를 선호하는 경향성이 강하다는 의미. 대단지 아파트에 학교와 편의시설 등이 몰려 있기 때문이다. 규모 또한 이미 정해져 있다. 빌라의 경우 대부분은 다가구주택 규모로 지어진다.

③ 준공연도

아무래도 오래된 아파트는 가치가 떨어진다. 물론 위치가 좋거나 규모가 큰 아파트 단지라면 상황은 다르다. 보통 준공연도가 10~20년 정도 된 아파트 단지의 상가들은 주변이 매우 활성화되어 있다. 하지만 20년이 지나면 아파트단지 상가들은 조금씩 비활성화되고, 생활수준이 다른 사람들이 입주하기 시작한다. 그리고 30년 이상 된 아파트에는 재건축에 대한 말들이 돌기 시작한다. 이때쯤 아파트 구매 의사가 있는 사람들은 대부분 재건축 이익을 노리고 들어오는 경우가 많다. 그래서 30년 이상 된 아파트는 매매주택연출을 할 필요가 없다. 단독주택처럼 단지 가격만 낮추는 정도면 충분하다.

④ 층수

대체로 중간 층수 이상의 아파트가 상대적으로 가격이 높다. 하지만 1층과 꼭대기 층만 아니라면, 아파트의 층수는 크게 문제될 것이 없다. 1층은 지하로부터 오는 습기의 영향을 받고 지상주차장의 차량조명 때문에 생활의 불편함을 느낄 수 있다. 꼭대기 층은 옥상누수의 피해를 고스란히 받을 수도 있다. 아파트는 엘리베이터가 있기 때문에 대체로 층수가 큰 문제가 되지는 않지만, 빌라는 다르다. 엘리베이터가 없는 대부분의 빌라는 4층이 넘어가면 매도에 좋지 않은 영향을 미친다. 엘리베이터가 있는 고급빌라라면 아파트처럼 층수의 영향을 덜 받는다.

⑤ 브랜드

아직까지 우리나라에서는 수도권의 몇몇 지역을 제외하고 빌라에 브랜드라는 개념이 거의 없다. 하지만 아파트는 다르다. 아파트 브랜드에 따라 소비자의 선호도는 명확히 달라진다. 원래 브랜드는 시행사의 상호를 붙여야 하지만, 우리나라는 대형 시공사의 상호를 대부분 사용한다. 특별히 몇몇 대기업 브랜드의 아파트는 매도하기 매우 유리하다.(그래서 '삼성아파트'가 갑자기 '래미안'으로 바뀌는 등의 사례가 빈번하다.) 아파트 외벽 도장을 하면서 브랜드 이름만 바꾸어도 평당 가격이 달라지기 때문이다.

⑥ 발코니 크기

입주하기 전에 발코니 확장이 기본인 경우가 많다. 20평대 이하 작은 평수의 아파트는 발코니 확장이 공간을 넓게 만드니 장점으로 작용할 수도 있겠지만, 40평대

이상 넓은 평수의 아파트라면 발코니 확장이 장점만으로 작용하지 않는다.

다시 말해 40평대 이상 아파트는 부동산에 내놓기 전에 발코니 확장을 굳이 할 필요는 없다. 그렇지만, 20평대 이하 아파트의 경우 발코니 확장을 하고 내놓는 것이 유리할 수 있다는 말이다.

발코니는 서비스 공간이라 넓을수록 좋지만, 무조건 확장하는 것은 반대다. 또한 '베이'¹가 많은 아파트가 좋다. 베이가 많으면 일조나 채

---

1 베이 : 벽의 기둥과 기둥 사이를 베이라고 말한다. 베이는 한 방향에서 볼 때 방이 몇 개인지 나누는 기준이다. 예를 들어, 아파트 밖에서 볼 때 안방과 거실이 보이면 2베이, 안방과 거실, 작은 방까지 보인다면 3베이다.

광이 좋고, 발코니 확장 효과를 극대화할 수 있는 장점이 있다.

⑦ 새시상태

10년 전까지만 해도 알루미늄새시 시공을 많이 했지만, 최근에는 대부분 PVC새시로 시공한다. 그래서 외부에서 새시만 봐도 아파트의 연수를 어느 정도 짐작할 수 있다. 최근에는 아예 입주할 때 인테리어를 하고 들어오는 경향이 있지만, 새시는 비용부담 때문에 꺼리는 경우가 많다. 그러니 잠재 구매자가 새시를 교체할 필요가 없다고 느낄 정도로, 깨끗하게 관리해야 집이 잘 팔린다. 각종 스티커를 떼고 유리에 묻은 먼지를 닦자. 새시 틀 부분의 청소에 특히 신경을 쓰고 새시가 잘 열리고 닫히는지도 확인해야 한다.

⑧ 방문상태

방문도 교체비용이 부담스러운 요소다. 그래서 잘 닦아 내든지, 페인트칠을 다시 하든지 해야 한다. 방문은 칠을 하고 손잡이만 교체해도 새 것처럼 느껴진다.

⑨ **주방가구**

최근에는 아일랜드 테이블이 있는 주방을 선호하지만, 주방가구 역시 교체비용이 부담스럽다. 그래서 청소를 잘하고 관리하는 것이 중요하다. 주방가구는 문짝만 교체해도 새 주방처럼 느껴진다.

⑩ **욕실상태**

일반 습식 구조 욕실인지, UBR 구조(조립식 구조) 욕실인지 확인해야 한다. 보통 20년 이상 된 아파트 중에 UBR 구조 욕실이 많은데, UBR 구조는 신축 시 시공이 간단하고 방수가 확실하지만, 개조 시 비용이 많이 든다. 일반적으로 잠재 구매자는 좁고 바닥이 쿵쿵거리고 모양이 없는 UBR 구조 화장실을 좋아하지 않는다.

기본적으로 아파트, 빌라와 같은 공동주택을 매도하기 위해 공사비용을 많이 쓸 필요가 없다. 공동주택은 '최소의 비용으로 매매주택연출해야 한다'는 것을 명심하자. 잠재 구매자가 보기에 매력적인 공간으로 만들었다고 해서 그 많은 공사비를 다 포함하고 이익이 남을 정도로 집값이 크게 오르지는 않는다. 단지 조금 더 빨리 매도될 뿐이다. 잘 구분하자.

어떤 형태의 집이든 장단점은 있다

아파트, 빌라, 그리고 단독주택에서 모두 살아 본 내 경험을 비추어 볼 때 모든 공간은 나름대로의 장단점이 있다. 아파트는 개인 사생활 보호, 보안, 난방 효과, 관리의 측면 봤을 때 훌륭하다. 그렇지만 층간 소음과 높은 비용의 관리비, 누수 등 하자 발생 시 책임 관계를 구분하기 힘들다는 단점이 있다. 빌라는 개인 사생활 보호, 난방 효과, 저렴한 매입비 측면이 좋지만, 층간 소음과 건물 관리 소홀, 집값 하락의 문제점이 있다. 단독주택은 마당의 활용, 비교적 쉬운 구조 변경, 마음껏 뛰어놀 수 있는 독립적 공간 활용, 땅의 소유 측면에서는 훌륭하지만, 보안과 지속적 건물 관리 부분에서는 어려움이 따른다.

주거종류별로 이런 장단점을 잘 이해하고, 어떤 수요층을 타겟으로 매도하는 것이 매매확률이 높을지 잘 판단해서 매매주택연출을 하길 바란다.

• 주택종류별 분류와 차이점

1. 단독주택

1) 단독주택은 말 그대로 한 가족만 살 수 있는 주택을 말한다.
2) 다중주택은 흔히 하숙집 같은 종류를 생각하면 된다. 독립된 주거의 형태가 아니어야 하고, 연 면적이 330㎡ 이하이고, 층수가 3층 이하여야 한다.
3) 다가구주택은 임대를 줄 수 있는 주택을 말한다. 대개 집주인이 살고 나머지 가구는 전세나 월세를 줄 수 있는 형태다. 그래서 다가구주택은 여러 가구가 살아도 주택수를 산정할 때에는 1세대로 인정한다.

2. 공동주택

1) 아파트는 주택으로 쓰이는 층수가 5개 층 이상인 주택으로 연면적에 제한이 없다.

2) 주택으로 쓰이는 1개 동의 연면적(지하주차장 면적은 제외함)이 660㎡를 초과하고, 층수가 4개층 이하인 주택을 말한다.

3) 다세대주택은 다가구주택과 비슷한 형태를 갖고 있지만, 분양이 가능하기 때문에 공동주택으로 분류한다. 주택으로 쓰이는 1개 동의 연면적(지하주차장 면적을 제외함)이 660㎡ 이하이고, 층수가 4개층 이하인 주택을 말한다. 2개 이상의 동을 지하주차장으로 연결하는 경우에는 각각의 동으로 보며, 지하주차장 면적은 바닥면적에서 제외된다.

3. 다가구주택과 다세대주택의 차이점

다가구주택(단독주택)과 다세대주택(흔히 말하는 빌라)의 가장 큰 차이점은 가구별 분양이 가능한가의 여부다. 다가구주택은 분양은 안 되고, 임대만 가능하다. 공동주택으로 분류되는 다세대주택은 분양이 가능하다. 그리고 다가구주택은 3개층 이하인 반면에, 다세대주택은 층수가 4개층 이하이다.

4. 다가구주택의 요건

다가구주택은 아래의 요건 모두를 갖춘 주택을 말한다.

1) 주택으로 쓰이는 층수(지하층은 제외함)가 3개층 이하여야 한다. 다만,

1층의 바닥면적 2분의 1 이상을 필로티 구조로 하여 주차장으로 사용하고, 나머지 부분을 주택 외의 용도로 쓰는 경우에는 해당 층을 주택의 층수에서 제외시킨다.

2) 1개 동의 주택으로 쓰이는 바닥면적(지하주차장 면적은 제외함)의 합계가 660㎡ 이하여야 한다.

3) 세대 수가 19세대 이하여야 한다. 20세대부터는 주택법에 의한 사업 승인을 받아야 하기 때문에 19세대까지만 허용된다.

PART 10

구조변경을 하면 왜 공사비가 크게 상승할까?

인테리어와 리모델링의 가장 큰 차이점은 구조변경의 유무. 흔히 아파트 인테리어만 해본 소비자들은 주택 리모델링 공사 견적 비용을 알면 깜짝 놀란다. '왜 이렇게 비싸냐. 이 돈이면 차라리 신축을 짓는 게 낫겠다' 업체에 따진다. 하지만 신축비용은 리모델링 비용에 비하면 또 2배의 견적이 나온다. 평균적으로 인테리어 100 < 리모델링 200 < 신축 400 순으로 평당 비용이 예상된다. 소비자는 또 따진다. "신축 평당 300만 원대면 충분하던데요?" 그러나 이 금액은 많은 세대를 맞벽건축으로 함께 짓는 공동주택에나 해당하는 말이다. 단독주택은 경우가 다르다. 나는 이런 의문점을 구조변경을 중심으로 풀어보려고 한다.

01
철거와 구조변경

단독주택공사에서 신축을 위해 건물전체를 무너트리는 철거비용과 리모델링을 위해 벽체를 부분적으로 철거하는 철거비용이 비슷하다면 이해가 되는가?

단독주택 전체를 철거하는 경우에는 대형 포크레인으로 철거하고, 덤프트럭으로 담아내기만 하면 된다.

그렇지만 리모델링을 위해 부분벽체철거만 하는 경우에는 큰 기계를 사용하지도 못하고, 대부분 사람의 힘으로 철거를 해야 한다. 그만큼 인건비가 많이 든다는 의미다. 또한 구조변경이 있는 주택의 철거는 철거 범위를 꼼꼼히 체크해서 진행해야 공사비용을 최대한 줄일 수 있고, 철거 전 반드시 구조보강을 실시해야 한다. 이 구조보강 작업에서 전문가의 손길이 필요하다. 대부분의 건축인들이 리모델링을 꺼리는 이유가 여기에 있다.

그래서 구조변경을 위해 벽체를 철거하느냐, 기존 내부공간구조를 그대로 존치시키느냐가 공사비용에 많은 부분을 차지하는 것이다. 이것이 주택매입을 위해 내부마감재보다는 주택공간배치를 우선 살펴

보아야 하는 이유다.

　구조변경 없이 내부마감재만 교체하는 인테리어만을 하는 경우에는 철거비용이 많이 소요되지 않는다. 철거내용은 문·문틀, 씽크대·신발장, 욕조·욕실천정·위생기구, 조명, 바닥재 등이 있다. 단독주택을 매입할 경우 이런 상황들을 알고 있어야 매입비용과 공사비용을 합한 전체예산을 조정할 수 있다. 그렇게 하지 못하면 또 은행신세(?)를 져야 한다.

● 석면 및 슬레이트지붕 철거

석면을 함유하고 있는 건축용 천장재들은 2005년까지 생산되었다. 물론 이들 제품이 언제까지 유통되었는지는 알 수 없다. 2009년부터는 석면의 제조, 수입, 유통이 전면 금지되었다. 주택철거에서 주로 석면이 나오는 재료는 빔라이드, 텍스, 슬레이드기다. 법 규정을 보면 철거면적이 50㎡ 이상은 전문 업체를 통해서 철거해야하고, 50㎡ 이하는 직접 철거해도 되는데 철거절차는 똑같으며 노동부 신고는 안 해도 된다. 폐기물은 지정폐기물 배출자 신고(100kg이상)를 해야 된다.

02
구조보강과 구조변경

리모델링공사를 위해 부분벽체를 철거할 경우에는 벽체를 철거하기 전 구조보강을 먼저 해야 한다. 위쪽 건물의 무게를 받치고 있는 벽체(내력벽)를 구조보강 없이 먼저 허물게 되면 건물이 무너지거나, 금이 생긴다. 리모델링 철거비용이 전체건물 철거비용만큼 많이 드는 이유 중에 하나가 바로 구조보강비용 때문이다.

  구조변경을 실시 할 경우는 건축법을 먼저 확인해야 한다. 잘 모른다면 건축사의 도움을 받거나 신고 없이 철거할 수 있는 범위를 확인해야만 한다. 작은 비용 아끼려다 큰 낭패를 볼 수 있다. 만약 허가나 신고 이상의 철거공사범위라면, 건축사 또는 구조기술사의 도움을 받아 구조설계도면 대로 공사를 진행해야 한다. 보통 구조보강을 완료할 동안 임시로 위층 바닥을 받치는 경우는 동바리(서포트)를 사용하고, 구조보강은 ㄷ자로 H빔을 용접하여 하중을 지탱하게 만든다. 무엇보다 건물은 구조적으로 안전한 것이 최우선. 그래서 구조보강공사 만큼은 구조전문시공자들에게 맡겨야 한다.

벽식구조는 위층 바닥의 무게를 벽체가 바로 받치는 구조이다. 벽식구조의 벽체는 힘을 받는 벽체이고 내력벽이라 불린다. 이 벽식구조로 만들어진 건물들은 반드시 벽을 허물고 세우는 구조변경을 위해서는 구조보강을 먼저 해야 한다. 1980년 이후의 아파트는 대부분 벽식구조다. 그래서 구조변경이 불가능한 경우가 많다. 또한 고급주택을 제외한 현재 일반주택들은 대부분 벽식구조다. 그래서 대수선 이상의 구조변경을 위해서는 철거 전에 구조보강을 반드시 실시해야 한다. 여기서 비용이 또 발생한다.

03

상하수도 설비공사와 구조변경

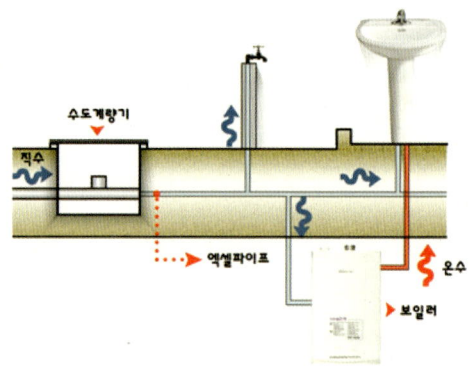

　상수도 공사는 비교적 쉬운 공사다. 냉수는 수도계량기에서 물이 필요한 곳으로 X-L(엑셀) 파이프를 바로 연결만 하면 된다. 고지대에 있는 주택이 아니고서는 3층 높이까지는 무난히 직수로 물이 찾아간다. 온수는 수도계량기에서 보일러를 잠시 들렀다 물이 필요한 곳으로 찾아간다.

　하지만 하수도는 자연배수가 되려면 구배가 필요하다. 물은 위에서 아래로 내려가기 때문에 배수된 물을 하수관으로 배출시키기 위해서 높이를 조절해 주어야 한다. 특별히 양변기 배수는 배수설비 작업 시 높이(구배) 조절을 잘 해야 한다.

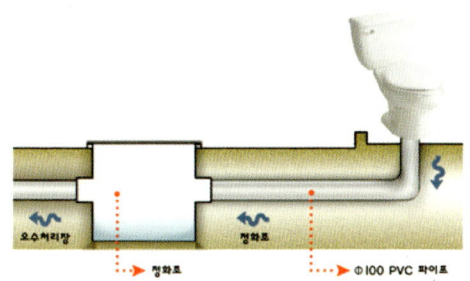

단독주택을 매입할 때 화장실이 외부에 있는 경우를 종종 보게 된다. 외부화장실을 내부공간으로 옮기기 위해서는 상하수도공사를 해야 하는데, 특별히 하수도 공사에 비용이 많이 든다. 내부공간에 있는 욕실, 주방의 위치를 옮기는 경우도 마찬가지. 욕실이나 주방의 위치를 옮기기 위해서는 특별히 하수도 공사에 신경을 써야 한다.

이렇듯 구조변경 공사는 단순히 벽체를 옮기는 작업뿐만 아니라, 상하수도 설비작업까지 동반되어 공사된다는 점을 명심해야 한다. 설비공사는 보통 평당 4~5만 원 정도의 비용이 든다. 철거공사 시 바닥철거를 하지 않는다면, 상하수도가 지나가야 하는 바닥철거비용 부분이 추가된다.

04

난방공사와 구조변경

벽체 구조변경을 할 때 난방공사는 반드시 진행해야 하고, 구조변경 없는 경우라면 선택 사항이다. 만약 기존 난방 파이프가 X-L(엑셀)이라면 난방공사를 따라 진행하지 않아도 괜찮다. 그렇지만 동파이프라면 구조변경이 없더라도 난방을 새로 설치하는 것이 좋다. 동파이프는 열전도율은 높지만 부식으로 인해 누수의 우려가 높기 때문이다. 난방파이프의 종류를 살펴보려면 분배기를 보면 된다. 보통 분배기는 싱크장 아래나 보일러실에 있다.

난방공사를 진행하면서 또 한 가지 집고 넘어가야 할 것이 있다. 기존 바닥을 철거하고 새롭게 난방을 설치하느냐, 철거 없이 기존 바닥

위에 바로 설치하느냐의 문제다. 기존 바닥 난방을 철거할 때 철거비용이 많이 소요되기 때문에 기존 바닥을 그대로 둔 채 새롭게 난방을 설치하는 경우가 많은데, 바닥높이가 7cm 정도 더 올라간다는 점을 기억해야 한다. 그렇게 되면 층고(바닥에서 천장까지의 높이)가 낮아져서 시각적으로 불편할 수 있다. 그 점이 문제가 된다면 기존 천장을 철거하고 더 높이 천장을 설치해야 한다. 원래 천장을 새롭게 공사할 생각이었다면 문제가 없겠지만, 기존 천장을 그대로 둘 생각이었다면 한 번 더 고민 해보아야 한다. 다행인 점은 대부분의 주택은 층고가 높다는 것이다. 보통 아파트의 천장은 2.3m 정도이지만 주택은 2.7m 정도

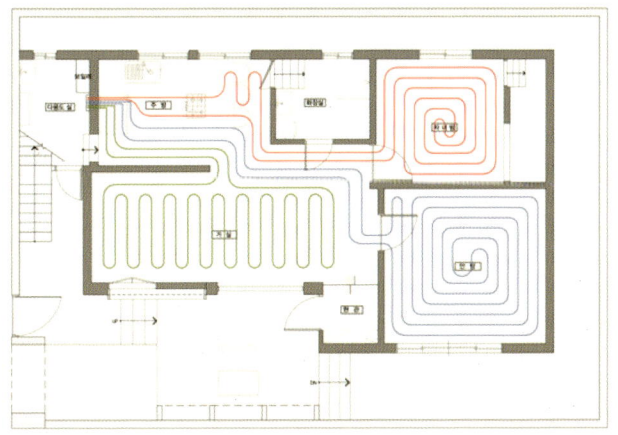

Photo
난방구조는 보일러에서 끊인 물이 분배기 공급관으로 흘러가고, 공급관에서 각 방으로 분배되어, 각 방으로 흘러나간 온수가 환수관으로 모이게 되는 방식이다. 환수관에서 모인 물은 다시 보일러로 가서 데워지게 된다. 공급관에서 환수관으로 돌아 올 때쯤이면 물은 이미 차가워져 있다. 이 차가워진 물을 보일러가 다시 데우는 것이다.

되기 때문에 바닥 난방으로 7cm 정도 더 높여도 괜찮은 경우가 많다.

이와 더불어 또 살펴보아야 할 점은 현관바닥과 거실바닥의 높이가 더 높아지는 문제다. 사실 이 점은 그리 문제가 되지 않는다. 더욱 큰 문제는 방문높이가 또 달라진다는 점이다. 방문을 모두 교체한다면 문제가 없겠지만, 그대로 존치시킬 경우에는 문턱을 없애고 문짝 하부를 7cm 정도 잘라내야 한다.

난방공사는 보통 평당 8~9만 원 정도 소요된다. 여기에 분배기 교체비와 보일러교체비용이 추가된다. 분배기와 보일러는 공사이후에도 언제든지 교체 가능하다. 하지만 엑셀난방 교체는 다른 공사를 할 때 같이 하지 않으면, 사실상 이것만 교체하기는 힘들다. 그래서 난방교체를 해야 하는지 말아야 하는지는 반드시 확인해야 한다. 역시 핵심은 구조변경 유무다.

05

전기공사와 구조변경

일반 가정에서 사용하는 전기는 교류전기를 사용한다. 교류전기는 플러스, 마이너스를 구분하지 않는 전기다. 그리고 플러스, 마이너스를 구분해서 사용하는 전기를 직류전기라 한다.

우리가 흔히 두꺼비집이라고 말하는 분전반은 간선으로부터 각 선로로 갈라지는 분기회로마다 개폐가 가능한 스위치를 한곳에 설치해 두고 관리하는 곳이다. 분전반은 전력회사(한전)로부터 가정에 공급되는 전기를 사용하는 기기에 맞게 분배해 주는 곳으로 주택의 경우 주로 현관에 설치되어 있으며 누전차단기 1개와 배선용차단기 4~5개로

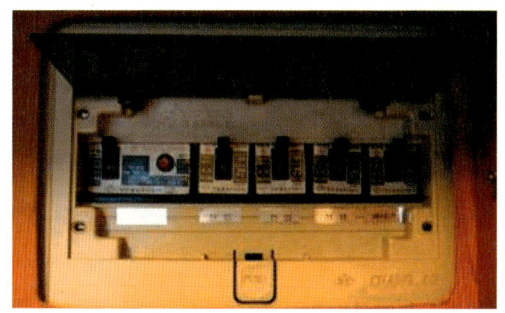

구성되어 있다. 보통 각종기기의 종류에 맞게 조명기기용, 콘센트용, 용량이 큰 에어컨·전열기기용 등으로 나눈다. 이렇게 나누어 놓으면 콘센트에 연결된 전기기기로 인해 차단기가 차단된다고 해도 조명기기에 빛이 들어오게 되며, 반대로 조명기기에 문제가 생겨 차단이 되도 콘센트에 연결된 전기기기들은 사용이 가능해 비상시 전등기기를

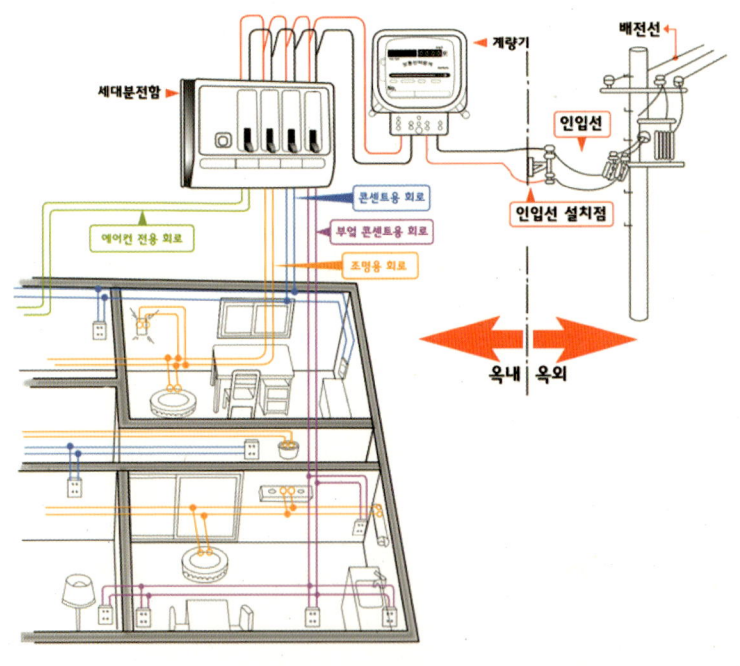

Photo

위 그림을 바탕으로 조금 더 쉽게 설명하면, 옥외에서 우리 집 계량기로 들어온 전기는 분전함으로 흘러들어가고, 분전함 전원차단기에서 조명차단기, 콘센트차단기, 에어컨차단기 등으로 전기가 나누어 흘러들어간다. 각 차단기에서 조명차단기는 조명기구에, 콘센트차단기는 콘센트에 전기가 흘러들어간다. 조명차단기는 스위치로 한 번 더 On·off 로 전기를 조절하고, 콘센트는 전열기구와 바로 연결된다.

콘센트에 연결해 빛을 비추고 이상부분을 점검할 수 있다.

전기공사비용도 구조변경과 밀접한 관련이 있다. 구조변경을 하게 되면 반드시 전기공사를 신축처럼 새롭게 시공해야 한다. 보통 평당 11~13만 원 정도 하는 전기공사비용이 사실 만만치는 않다. 그러나 구조변경이 없다면 부분적인 공사만 진행하면 된다. 부분적인 공사는 대체로 아래의 내용들이 대부분이다.

1) TV선·인터넷선을 추가적으로 설치한다.
2) 욕실의 환풍기선과 조명선을 분리한다.
3) 주방설계에 맞게 식탁 등의 위치를 조정한다.
4) 비디오폰 위치를 변경하거나 새로 추가한다.
5) 거실등처럼 등 개수가 많은 조명은 등스위치를 분할한다.
6) 주방, 거실, 서재처럼 콘센트가 많이 필요한 곳은 콘센트를 추가 배치한다.
7) 보안업체, cctv, 음향, 스피커 등의 선을 새롭게 배치한다.
8) 에어컨 종류에 따른 콘센트 위치를 조절 또는 새롭게 설치한다.

부분적인 공사 시 전기공사의 비용은 전선을 노출시킬 것이냐, 매입시킬 것이냐에 따라 비용차이가 크다. 전선을 노출할 경우라면 큰 비용이 들진 않지만, 전선을 벽면에 일일이 매입시키는 작업은 인건비가 많이 든다. 콘크리트 벽체를 잘라내기도 하고, 전선을 몰딩에 숨기기도 하고, 천정에 부분적으로 구멍을 내기도 한다. 이렇게 하면 도배 등의 후속 작업도 자연히 추가된다. 그래도 전체 전기공사를 하는 것보다는 적게 든다. 전기공사비용 역시 구조변경의 유무에 달려 있다는 점을 명심하자.

이렇듯 구조변경의 유무는 공사비용 상승과 밀접한 관련이 있다. 마감재를 교체하는 인테리어에서 구조변경을 같이 진행하는 리모델링으로 공사를 생각한다면, 2배 이상의 공사비용을 각오해야 하고, 기존 기초와 골조를 최대한 살리며 공사하는 리모델링에서 기초와 골조 등 모든 것을 다 새롭게 공사하는 신축을 생각한다면, 여기에 또 2배 정도의 공사비용을 각오해야 한다.(이밖에 방수, 단열, 기타공사 등의 공정을 포함하면 더 복잡해지지만 이 부분들은 제외했다.)

PART 11

꼭 알고 있어야 할 부동산과 건축의 법규 및 용어

01 리모델링

리모델링은 건축물의 노후화 억제, 기능 향상 등을 위하여 대수선, 또는 일부 증축하는 행위를 말한다. 대수선과 증축에 대해서 구체적으로 살펴볼 필요가 있는데, 리모델링은 인테리어와는 분명히 다른 개념이고, 경우에 따라서는 구청에 신고 또는 허가를 받아야 하는 공사이다.

대수선

기둥, 보, 지붕틀 등 건축물의 주요 구조부를 해체하여 수선, 변경 또는 증설하는 행위는 수선의 범위를 넘기 때문에 '대수선'이라고 한다. 대수선은 허가 또는 신고를 한 후에 공사를 진행해야 한다. 구체적으로 살펴보면 다음과 같다.

① 기둥을 증설·해체하거나, 3개 이상 수선, 또는 변경하는 것.
② 보를 증설·해체하거나, 3개 이상 수선, 또는 변경하는 것.
③ 지붕틀을 증설·해체하거나, 3개 이상 수선, 또는 변경하는 것.

④ 내력벽을 증설·해체하거나, 내력벽의 벽 면적을 30㎡ 이상 수선 또는 변경하는 것. 다시 말하자면, 기둥이 없는 2층 벽돌조 주택의 외벽을 30㎡ 이상 수선 또는 변경하는 것은 허가나 신고 사항이라는 의미다. 그렇지만 철근 콘크리트 라멘구조로 된 대형빌딩의 외벽 전체를 털어내는 것은 대수선에 해당하지 않아 허가 또는 신고 없이 시공할 수 있다. 물론, 대형빌딩의 내부벽체는 함부로 건드리면 안 된다. 방화구획 문제가 있기 때문이다. 또한 주 계단, 피난 계단 또는 특별 피난 계단을 건드리는 것도 허가 대상이다.

⑤ 방화벽 또는 방화구획을 위한 바닥 또는 벽을 증설·해체하거나, 수선 또는 변경하는 것.

⑥ 주 계단, 피난계단 또는 특별피난계단을 증설·해체하거나, 수선 또는 변경하는 것.

⑦ 미관지구에서 건축물의 외부형태(담장을 포함)를 변경하는 것.

⑧ 다가구주택, 다세대주택의 가구, 또는 세대 간 경계 벽을 증설·해체하거나 수선, 변경하는 것. 다가구 및 다세대주택의 사용승인을 받은 후 칸막이를 설치하거나 세대 분리를 하는 경우는 2008년 건축법 개정 이후 대수선의 범위에 포함되었다. 반드시 허가 또는 신고 후에 세대 분리를 해야 한다.

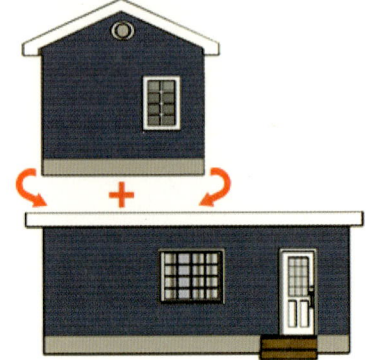

증축

기존 건축물이 있는 대지에서 건축물의 건축면적, 연면적, 층수 또는 높이를 늘리는 것을 말한다. 증축은 비교적 이해하기 쉬운 내용이다. 그리고 많은 소비자의 경우 증축을 하면 당연히 신고, 또는 허가를 받아야 한다는 것을 상식으로 알고 있다.

02
건축 허가와 신고

허가와 신고는 차이는 크다. 허가는 각종 허가서류를 준비하여 구청에 제출하면 공사를 해도 된다, 안 된다를 결정해 주는 절차다. 그래서 허가를 받지 못하면 공사를 진행하지 못 할 수도 있다. 그러나 신고는 각종 신고서류를 준비하여 구청에 제출하면 공사를 진행할 수 있다. 물론 건축법의 테두리 안에서 말이다.

	신고	허가
연면적	도시 지역 : 100㎡ 이하 비도시 지역 : 200㎡ 이하	도시 지역 : 100㎡ 이상 비도시 지역 : 200㎡ 이상

허가와 신고의 기준

허가를 받아야 하는 행위 중에서 일정 규모 이하는 건축 신고만으로도 가능하다. 건축 신고 대상은 아래와 같다. 신고 대상이 아닌 것은 모두 건축 허가 대상임을 알아야 한다.

① 바닥 면적의 합계가 85㎡ 이내의 증축, 개축 또는 재축[1]

② 연면적 200㎡ 미만이고 3층 미만인 건축물의 대수선[2]

③ 연면적의 합계가 100㎡ 이하인 건축물

④ 건축물의 높이를 3m 이하의 범위 안에서 증축하는 건축물은 모두 신고만 하면 된다. 신고와 허가의 차이를 살펴보면, 신고는 고객이 직접 할 수 있는 사항이고, 허가는 반드시 건축사가 진행해야 하는 사항이다. 그러나 건축사에게 신고허가 일체를 맡기는 것이 현명하다.

건축사의 건축 설계 대상 건축물

건축 허가 또는 건축 신고를 해야 하는 건축물, 사용 승인을 받은 후 20년 이상이 지난 건축물로 주택법에 따른 리모델링을 하는 건축물의 건축 등을 위한 설계는 건축사가 아니면 할 수 없다. 다만, 다음의 어느 하나라도 해당하는 경우에는 건축사 없이도 가능하다.

① 바닥 면적의 합계가 85㎡ 미만의 증축, 개축 또는 재축

② 연면적이 200㎡ 미만이고 층수가 3층 미만인 건축물의 대수선

---

1 개축 : 기존 건축물의 전부 또는 일부(내력벽, 기둥, 보, 지붕틀 중 셋 이상이 포함되는 경우)를 철거하고 종전 규모와 같거나 그보다 작게 건축하는 행위.(층수, 동수, 구조변경은 가능하고 높이증가는 불가능하다.)

2 재축 : 건축하는 방법과 규모에 대해서는 개축과 같다. 하지만 개축이 건축주의 자발적인 의사에 따라 이루어진다면, 재축은 천재지변 및 기타 재해(화재 포함)에 의하여 멸실되어 개축 행위를 하는 것을 뜻한다.(구조변경 가능하다.)

일반 시공업자가 해야 하는 시공 기준

건설산업기본법에 따라 등록된 일반 건설업자(흔히 종합건설업체를 말함)가 하는 공사의 규모는 다음과 같다.

① 연면적 661㎡(약 200평)을 초과하는 주거용 건축물
② 연면적 661㎡ 이하인 주거용 건축물로서 공동주택. 예를 들어 층수가 3개 층 이상인 다세대주택은 연면적이 661㎡ 이하인 경우에도 일반 건설업자가 공사를 진행해야 한다.
③ 연면적 495㎡(약 150평)를 초과하는 주거용 외의 건축물
④ 연면적 495㎡ 이하인 주거용 외의 건축물로서 다중이 이용하는 건축물. 예를 들어, 초·중·고등학교, 학원, 유흥 주점, 숙박 시설, 병원, 관광 숙박 시설, 전문 휴양 시설, 공항 휴양 시설, 관광 공연장 등. 한마디로 위의 내용 이하의 공사는 건축주도 직접 시공이 가능하다.

공사 감리를 해야 하는 현장은?

건축사가 설계도에 따라 공사가 진행되고 있는지 확인하는 행위를 말한다. 건축법상 감리가 필요한 공사는 다음과 같다.

① 바닥 면적의 합계가 200㎡ 이상인 건축물의 공사
② 3개층 이상인 건축물의 공사 등이 있다. 한마디로, 건축 허가를 받아야 하는 건축물은 공사 감리를 받아야 하고, 건축 신고 대상 건축물은 감리가 필요 없다. 그리고 20세대 이상의 주택 건설 사업은 감리 전문 회사에 맡겨야 한다.

03
건폐율과 용적률

연면적

연면적은 하나의 건축물 각 층의 바닥 면적의 합계를 말한다. 단, 용적률을 산정할 때에는 다음에 해당하는 면적은 제외한다.

① 지하층의 면적
② 지상층의 주차용으로 쓰는 면적. 해당 건축물의 부속 용도인 경우만 해당한다.
③ 주택건설기준등에관한규정 제2조 제3호에 따른 주민 공동 시설의 면적
④ 지하층은 건축물의 바닥이 지표면 아래에 있는 층으로 바닥에서 지표면까지 평균 높이가 해당 층 높이의 2분의 1 이상을 말한다.

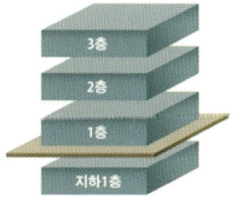

건축 면적

지상층 건축물의 수평 투영 면적이다. 즉, 건축물을 하늘에서 아래로 내려다 본 면적이다. 더 간단하게 설명하자면 각 층 중에서 가장 넓은

평수를 말한다.

예를 들어, 그림처럼 대지가 330㎡, 1층이 198㎡, 2층이 132㎡인 경우 건축 면적은 198㎡이다.

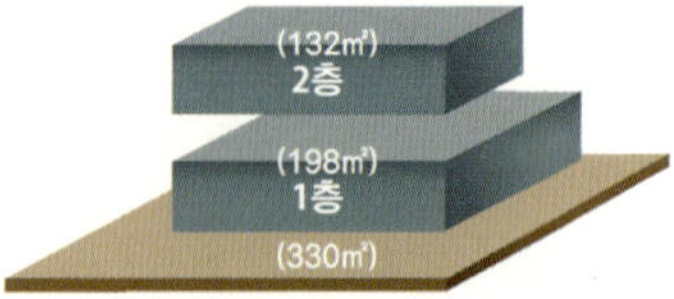

Photo
위의 그림처럼 대지가 330㎡(100평), 1층이 198㎡(60평), 2층이 132㎡(40평)인 건물이 있다면, 이 건물의 연면적은 1층(198㎡) + 2층(132㎡)=330㎡이 된다.

건폐율

대지 면적에 대한 건축 면적의 비율을 말한다. 건폐율은 공지 확보를 위한 수단이다.

건폐율=(건축 면적 / 대지 면적) × 100%

예를 들어, 대지가 330㎡, 1층이 198㎡, 2층이 132㎡인 경우 건폐율은 198/330×100%=60%이므로 60%가 된다.

용적률

대지 면적에 대한 지상층 연면적의 비율을 말한다.

용적률=(건축물 연면적의 합계 / 대지 면적) × 100

예를 들어, 대지가 330㎡, 1층이 198㎡, 2층이 132㎡인 경우 용적률은 {(198+132)/330}×100%=100%이므로 100%이다.

• 용도 지역 건폐율과 용적률 현황

용도 지역 세분			국토의 계획 및 이용에 관한 법률				서울시 도시계획 조례	
			건폐율(%)		용적률(%)		건폐율(%)	용적률(%)
			법	시행령	법	시행령		
주거 지역	전용 주거 지역	제1종 전용 주거	70% 이하	50%	500% 이하	50-100%	50%	100%
		제2종 전용 주거		50%		100-150%	50%	120%
	일반 주거 지역	제1종 일반 주거		60%		100-200%	60%	150%
		제2종 일반 주거		60%		150-250%	60%	200%
		제3종 일반 주거		50%		200-300%	50%	250%
	준주거 지역			70%		200-700%	70%	400%
상업 지역	중심 상업 지역		90% 이하	90%	1500% 이하	400-1500%	90%	1000%(4대문 안 800%)
	일반 상업 지역			80%		300-1300%	80%	800%(4대문 안 600%)
	근린 상업 지역			70%		200-900%	70%	600%(4대문 안 500%)
	유통 상업 지역			80%		200-1100%	80%	600%(4대문 안 800%)
공업 지역	전용 공업 지역		70% 이하	70%	400% 이하	150-300%	70%	200%
	일반 공업 지역			70%		200-350%	70%	200%
	준공업 지역			70%		200-400%	70%	400%
녹지 지역	보전 녹지 지역		20% 이하	20%	100% 이하	50-80%	20%	50%
	생산 녹지 지역			20%		50-100%	20%	50%
	자연 녹지 지역			20%		50-100%	20%	50%

관리 지역	보전 관리 지역		20%		50-80%		
	생산 관리 지역		20%		50-80%		
	계획 관리 지역		40%		50-100%		
농림 지역	농림 지역		20%		50-80%		
자연 환경 보전 지역	자연 환경 보전 지역		20%		50-80%		

예를 들어, 서울시 종로구에 있는 330㎡ 크기의 제2종일반주거지역에 신축 건물을 짓는다고 가정해보자. 다른 건축 규제가 없다고 생각하고 건폐율과 용적률만 살펴본다면, 최대 660㎡(200평)까지 건축할 수 있다. 왜냐하면 건폐율 60%, 용적률 200%이기 때문이다.

1층 198㎡(60평) : 1층은 건축면적 198㎡(60평)까지 지을 수 있다. (198/330)× 100%=60%

2층 198㎡(60평) : 2층 건축면적이 60평 넘으면 허용 건폐율 60%를 넘어선다.

3층 198㎡(60평) : 3층 건축면적이 60평 넘으면 허용 건폐율 60%를 넘어선다.

4층 66㎡(20평) : 용적률 최대 200% 까지 건축을 짓는다면 전체 연면적 660㎡(200평)까지는 건축이 가능하기 때문에 4층은 66㎡(20평)을 지어야 한다.

$$(660/330) \times 100 = 200(\%)$$

즉 연면적 평수는 198㎡(60평)+198㎡(60평)+198㎡(60평)+66㎡(20평)=660㎡(200평) 이 된다.

• 주거 지역 용어 설명

① 제1종 전용 주거 지역

단독 주택 중심의 양호한 주거 환경을 보호하기 위하여 필요한 지역이다. 2층 규모의 저층 단독주택으로 형성된 지역으로 건축물의 규모나 용도를 극히 제한해서 가장 쾌적한 주거 환경을 목표로 지정한 지역을 말한다. 단독주택과 연면적 1000㎡ 미만의 근린생활시설은 건축이 가능하다. 서울은 평창동, 한남동, 성북동, 연희동 등이 제1종 전용 주거 지역으로 지정되어 있다.

② 제2종 전용 주거 지역

공동주택 중심의 양호한 주거 환경을 보호하기 위하여 지정한 곳이다. 아파트 중에서 중·저층 중심의 쾌적한 단지를 조성하기 위해 지정한다. 단독주택과 공동주택은 건립이 가능하고, 제1종 근린생활시설도 1000㎡ 미만으로만 건축할 수 있다.

③ 제1종 일반 주거 지역

저층 주택을 중심으로 편리한 주거 환경을 조성하기 위하여 지정한 지역이다. 아파트는 건축할 수 없다.

④ 제2종 일반 주거 지역

중층 주택을 중심으로 편리한 주거 환경을 조성하기 위하여 지정한 지역이다. 단독주택 및 공동주택은 물론이고, 제1종 근린생활시설, 종교시설, 초등학교, 중학교 및 고등학교, 노유자시설(교육 및 복지 시설군에 속하는 시설로서 아동 관련 시설, 노인복지시설, 그 밖에 다른 용도로 분류되지 않은 사회복지시설 및 근로복지시설을 말한다)을 건축할 수 있다.

⑤ 제3종 일반 주거 지역

중·고층 주택을 중심으로 편리한 주거 환경을 조성하기 위하여 지정한 지역이다. 고층 건축물의 건축이 가능하다. 물론 건폐율이나 용적률, 도로에 의한 높이 제한, 일조에 의한 높이 제한 기준에 적합해야 한다.

⑥ 준주거 지역

주거 기능을 위주로 이를 지원하는 일부 상업이나 업무 기능을 보완하기 위하여 지정한 지역이다. 주거 지역과 상업 지역의 중간 단계이다.

04 건축물의 용도

대한민국 모든 건축물은 건축물의 용도 28가지 중 한 가지에 반드시 속하게 되어 있다. 건축물의 용도는 건축물대장에서 쉽게 확인할 수 있다. 총 28가지 용도 중에 비슷한 용도끼리 9가지군으로 모아 놓은 도표다.

용도 시설군	세부 용도
1. 자동차 관련 시설군	자동차 관련 시설
2. 산업 등 시설군	운수 시설, 창고 시설, 공장, 위험물 저장 및 처리 시설, 분뇨 및 쓰레기 처리 시설, 묘지 관련 시설
3. 전기 통신 시설군	방송 통신 시설, 발전 시설
4. 문화 집회 시설군	문화 및 집회 시설, 종교 시설, 위락 시설, 관광 휴게 시설
5. 영업 시설군	판매 시설, 운동 시설, 숙박 시설
6. 교육 및 복지 시설군	의료 시설, 교육 연구 시설, 노유자 시설, 수련 시설
7. 근린 생활 시설군	제1종 근린 생활 시설, 제2종 근린 생활 시설
8. 주거 업무 시설군	단독 주택, 공동 주택, 업무 시설, 교정 및 군사 시설
9. 그 밖의 시설군	동물 및 식물 관련 시설, 장례식장

용도 변경

① 기존 면적을 초과하는 것은 규정이 다소 강한 용도로 분류되기 때문에 정확한 바닥 면적을 산정해야 한다. 예를 들어, 같은 단란주점이라도 동일한 건축물 안에서 당해 용도에 쓰이는 바닥 면적의 합계에 따라 시설 기준이 달라진다. 150㎡ 미만인 것은 제2종 근린생활시설, 150㎡ 이상인 경우는 위락시설에 해당한다. 300㎡ 미만인 교회는 제2종 근린생활시설이고 300㎡ 이상인 교회는 종교시설이다. 건축물에는 각각의 용도가 정해져 있고 그 용도를 변경하기 위해서는 허가 또는 신고를 받아야 한다. 용도를 변경하기 위해서는 변경하고자 하는 용도가 현행 건축 기준에 적합한지를 우선 판단해야 한다.

용도, 지역, 지구 안에서 허용되는 용도인지, 주차장이나 정화조 기준에는 적합한 것인지, 피난 계단이나 대지 안의 공지 기준(건폐율)에는 적합한 것인지를 반드시 따져야 한다.

② 또한 용도 변경되는 규모에 따라 허가 대상인지, 신고를 해야 하는 것인지, 아니면 건축물대장 기재 변경 신청만으로도 사용 가능한 것인지 확인한다. 위의 표처럼 건축물의 용도는 크게 28개로 분류하고, 그 28개의 용도를 유사한 용도끼리 9개군으로 나누어서 상위 용도군으로 변경하는 경우는 허가를, 하위 용도군으로 변경하는 경우는 신고를 하도록 되어 있다. 예를 들면 8항의 주거, 업무 시설군인 단독주택을 7항의 근린생활시설군의 제2종 근린생활시설인

음식점으로 변경 사용하는 경우에는 허가를 받아야 한다. 반대로 7항의 근린생활시설군의 제2종 근린생활시설인 음식점을 다시 8항의 주거, 업무 시설군의 단독주택으로 변경할 때에는 신고만 하면 된다.

③ 각 시설군 중 동일한 시설군 내에서 용도를 변경하는 경우에는 건축물대장 기재 변경 신청을 한 후에 사용해야 한다. 건축물대장 기재 변경 신청도 각각의 건축 기준, 주차장 기준, 정화조 기준, 용도 지역별 기준 등에 적합해야 한다. 대부분의 사람들의 집이 용도 변경 허가 신고 대상이 아니기 때문에 그냥 변경 기재가 가능한 줄 알고 실수하는 경우가 많다. 인테리어를 완공한 후에 건축물대장 기재 변경 신청을 했는데, 위의 건축 기준에 저촉되어 처리되지 않아 어려움을 겪는 사례도 종종 있다.

상가주택 용도변경

상가주택은 주로 제1종 근린생활시설이나 제2종 근린생활시설로 용도변경을 하는 경우가 많다. 그런데 내가 입점할 매장의 용도가 어디에 해당하는지 헷갈리는 경우가 있다. 다른 용도는 단어만 봐도 이해할 것 같은데, 근린생할시설은 참 어렵다. 근린생활시설에 대해서는 조금 더 자세한 내용을 첨가한다.

제1종 근린생활시설

슈퍼마켓과 소매점이 제1종 근린생활시설의 가장 대표적인 예이다. 바닥 면적 1000㎡ 미만인 건물이다.

① 슈퍼마켓과 일용품을 파는 소매점

   해당 용도로 쓰는 바닥 면적의 합계가 1000㎡ 미만이어야 한다. 보통 식품, 잡화, 의류, 완구, 서적, 건축 자재, 의약용품 등을 취급한다.

② 휴게 음식점 또는 제과점

   건축물의 해당 용도로 쓰는 바닥 면적의 합계가 300㎡ 미만이어야 한다.

③ 이용원, 미용원, 목욕탕 및 세탁소

④ 의원, 치과의원, 한의원, 침술원, 접골원 및 조산소

⑤ 탁구장 및 체육도장: 건축물에 해당 용도로 쓰는 바닥 면적의 합계가 500㎡ 미만이어야 한다.

⑥ 지역 자치 센터, 파출소, 지구대, 소방서, 우체국, 방송국, 보건소, 공공 도서관, 지역건강보험조합, 그 밖에 이와 비슷한 것으로 같은 건축물에 해당 용도로 쓰는 바닥 면적의 합계가 1000㎡ 미만이어야 한다.

⑦ 마을회관, 마을 공동 작업소, 마을 공동 구판장, 그 밖에 이와 비슷한 것

⑧ 변전소, 양수장, 정수장, 대피소, 공중 화장실, 그 밖에 이와 비슷한 것

⑨ 지역 아동 센터

제2종 근린생활시설

가장 대표적인 것은 일반 음식점과 제조 업소다. 일반 음식점과 휴게 음식

점의 차이는 주류 판매 여부다. 음식과 함께 술을 파는 음식점이나 ○○가든, 카페 등은 건축법상 일반 음식점이다. 제조는 공장 용지에 입지하는 것이 원칙이지만, 500㎡ 미만의 소규모 제조는 이처럼 제2종 근린생활시설에도 입점할 수 있다. '근생 제조'라고 한다.

① 일반 음식점, 기원

② 휴게 음식점 또는 제과점

    제1종 근린 생활 시설에 해당하지 아니하는 것

③ 서점

    제1종 근린 생활 시설에 해당하지 아니하는 것

④ 테니스장, 체력 단련장, 에어로빅장, 볼링장, 당구장, 실내 낚시터, 골프 연습장, 물놀이형 시설, 그 밖에 이와 비슷한 것으로 같은 건축물에 해당 용도로 쓰이는 바닥 면적의 합계가 500㎡ 미만인 것

⑤ 종교 집회장, 공연장이나 비디오물 감상실, 비디오물 소극장으로 같은 건축물에 해당 용도로 쓰는 바닥 면적의 합계가 300㎡ 미만인 것

⑥ 금융업소, 사무소, 부동산 중개업소, 결혼상담소 등 소개업소, 출판사, 그 밖에 이와 비슷한 것으로 같은 건축물에 해당 용도로 쓰는 바닥 면적의 합계가 500㎡ 미만인 것

⑦ 제조업소, 수리점, 세탁소, 그 밖에 이와 비슷한 것으로서 같은 건축물에 해당 용도로 쓰는 바닥 면적의 합계가 500㎡ 미만인 것

⑧ 청소년 게임 제공업의 시설 및 복합 유통 게임 제공업의 시설로서 그 용도로 쓰는 같은 건축물에 바닥 면적의 합계가 500㎡ 미만인 것과 인터

넷 컴퓨터 게임 시설 제공업의 시설로 같은 건축물에 그 용도로 쓰는 바닥 면적의 합계가 300㎡ 미만인 것

⑨ 사진관, 표구점, 학원(바닥 면적의 합계가 500㎡ 미만인 것만 해당되며, 자동차 학원 및 무도 학원을 제외한다), 직업 훈련소(바닥 면적의 합계가 500㎡ 미만인 것을 말하되, 운전·정비 관련 직업 훈련소는 제외한다), 장의사, 동물 병원, 독서실, 총포 판매사, 그 밖에 이와 비슷한 것

⑩ 단란주점

같은 건축물에 해당 용도로 쓰는 바닥 면적의 합계가 150㎡ 미만인 것

⑪ 의약품 도매점 및 자동차영업소

같은 건축물에 해당 용도로 쓰는 바닥 면적의 합계가 1000㎡ 미만인 것

⑫ 안마 시술소, 안마원 및 노래 연습장

⑬ 고시원

같은 건축물에 해당 용도로 쓰는 바닥 면적의 넓이가 1000㎡ 미만인 것

05 용도 지역

구분	용도 지역	용도 지구	용도 구역
성격	토지를 경제적, 효율적으로 이용하고 공공복리의 증진 도모	용도 지역의 기능을 증진시키고 미관, 경관, 안전 등을 도모	시가지의 무질서한 확산 방지, 계획적이고 단계적인 토지 이용의 도모, 토지 이용의 종합적 조정, 관리
종류	- 도시 지역(주거, 상업, 공업, 녹지 지역) - 관리 지역(보전 관리, 생산 관리, 계획 관리 지역) - 농림 지역 - 자연 환경 보전 지역	- 경관, 미관, 방화, 방재, 보존, 시설 보호, 취락, 개발 진흥 지구 - 특정 용도 제한 지구 - 위락 지구 - 리모델링, 기타 지구	- 개발 제한 구역 - 시가화 조정 구역 - 수산 자원 보호 구역
비고	중복 지정 불가	중복 지정 가능	

　전 국토를 체계적으로 관리하기 위해 4개의 지역과 여러 종류의 지구, 그리고 3개의 구역으로 구분·관리하고 있다. 도시 지역, 관리 지역, 농림 지역, 자연 환경 보전 지역으로 4등분하는 용도 지역제와 그것으로는 부족하여 그 용도 지역 위에 입지별 특성에 따라 미관 지구, 경관 지구, 보존 지구, 고도 지구 등으로 덮어씌우는 용도 지구제가 있

다. 그 외에도 도시 주변의 무질서한 확산을 방지하기 위하여 개발 제한 구역, 소위 그린벨트를 지정하기도 한다. 일정 기간 통제를 하면서 도시를 계획적으로 가꾸기 위한 시가화 조정 구역, 삼면이 바다인 우리나라의 여건을 감안 해변 지역을 대상으로 수산 자원 보호 구역을 지정하는 용도 구역제도 있다. 용도지역을 알면 개발하는 위치의 건폐율과 용적률을 파악 할 수 있는 것이다.

• **리모델링을 위해 반드시 참고해야 할 것들**

막상 집을 계약하면 공사를 어떻게 해야 할지 고민이 많아진다. 어느 정도 나이가 들면서 주변에 공사업종 관련 지인들을 알게 되는 사람들이 많다. 그래서 편하게 가까운 지인에게 공사를 맡기기로 하지만, 왠지 불안한 마음도 든다. 사실 많은 공사분쟁이 가까운 지인에게 공사를 맡겨서 생긴다. 결국은 원수같이 멀어지기도 하고, 서먹서먹한 관계가 되기도 한다. 물론 더 친한 사이가 되기도 하지만 경우의 수가 그리 높지는 않은 듯하다.

누구에게 맡기든 아파트 같은 공동주택과는 달리 단독주택은 디자인뿐만 아니라 설계도서, 샘플리스트, 시방서, 견적서 등을 꼭 챙겨야 한다. 왜냐하면 단독주택 리모델링의 많은 경우가 벽을 없애거나 새롭게 세우는 구조 변경이 이루어지기 때문이다. 구조 변경을 하는 단독주택은 도면이 없으면 추후에 공사비용이 많이 늘어날 수 있을 뿐만 아니라, 분쟁의 소지도 많아질 수 있다. 도면 없이 시공을 진행하다 보면 공사 중 변경 사항도 많이 생겨 공정이 늦어지고, 어떠한 공사 부분이 견적에 포함되었는지를 두고 건축주와 시공자 간에 시비도 일어날 수 있다. 그래서 단독주택은 반드시 설계도면을 작성한 후 견적서를 산출하고 시공을 진행해야 한다. 이때 참고로 할 만한 꼭 필요한 책은 디자인을 표현한 평면도·전개도·전기도 등이 그려진 설계도, 이 공사를 어떻게 시공해야 하는지 표시한 공사시방서, 마감 재료를 구체적으로 선정한 자재샘플목록, 이 모든 공사를 진행하는데 얼마의 비용이 드는지를 산출한 공사견적서에 관한 것이다. 이 모든 도서를 구비하는데 비용 등의 이유로 부담스럽다면, 최소한 평면도와 구체적인 공사견적서는 공사업체에 요구하자.

PART 12

매매주택연출의 최유효 이용

홈스테이징, 즉 매매주택연출은 1970년대 미국의 실내디자이너인 밥 슈워츠가 부동산중개인으로 영역을 확장하면서 생각해 낸 아이디어다. 국내에서는 정부가 '신 직업 육성 추진계획'에 따라 신 직업 41개 중 민간육성 분야에 매매주택연출가라는 직업을 선정했다. 이 홈스테이징을 정부가 '매매주택연출'이라는 이름으로 바꾼 것이다. 홈스테징의 한국어 표현이 매매주택연출이다. 매매주택연출은 북미에서는 매우 활발한 사업이지만, 국내에는 매매하는 주택을 연출하는 것에 대한 인식 자체가 부족하다.

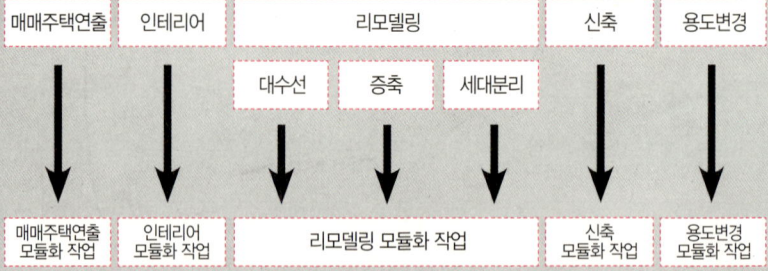

부동산 최유효 이용에 관한 모듈화 시스템으로 주택에 접목

매매주택연출의 부동산 매매기법을 국내의 실정에 맞게 적용하여 사업화 방안을 마련해 보고자 한다. 매매주택연출은 개인이나 부동산중개소에서 개별 주택을 매도할 경우에는 꼭 필요한 작업이지만, 순수하게 매매주택연출로서만 사업을 하기에는 그 폭이 좁은 편이다.

아파트와 같은 공동주택은 주변시세가 어느 정도 정해져 있어서 공사비용을 많이 투자해서 더 높은 가격에 매매하기가 현실적으로 어렵다. 하지만 단독주택은 상황이 다르다. 국민은행, 네이버, 부동산114 같은 전문 부동산 인터넷 공간에서도 주택의 시세를 정확하게 파악하지 못한다. 사실상 현장에서 발품을 팔아 시세를 확인해야 하지만 주택의 크기, 건물상태, 위치 등에 따라 가격의 폭이 매우 큰 편이다. 특히 상가주택의 경우에는 그 폭이 훨씬 더 넓은 편이다. 오히려 이런 점이 단독주택을 선택해야 하는 이유가 된다.

단순히 매매주택연출로서 더 빨리 더 좋은 가격에 주택을 매도하기에 한계가 있다면, 기존에 우리가 주택에 접목해 왔던 인테리어, 리모델링, 용도변경 등의 공사를 진행해서 그 건물의 가치를 올려야 한다. 그런데 일반인이 그런 종류의 공사를 잘 모르기도 하지만, 어떤 공사방식을 채택해야 우리 집의 가치를 최고로 올릴 수 있는가에 대해 선택을 하기란 더욱 어렵다.

이번 장에서는 내가 가진 단독주택을 부동산에서 말하는 최유효 이용[1]으로 결정하는 몇 가지 요인에 대해 알아보자.

---

1 최유효 이용 : 객관적으로 보아 양식과 통산의 이용능력을 보유한 사람의 합리적, 합법적인 최고, 최선의 이용방법을 말한다. 한마디로, 부동산을 이용하여 최대의 수익을 올려야 하는 점에서 효율성을 높이는 이용이라 말할 수 있다.

01 건축을 위한 기본 검토

① 하나의 부동산이 있으면 우선 토지이용규제정보서비스(http://luris.molit.go.kr) 홈페이지에 들어가서 주소를 입력하고 지적도를 살펴본다. 지적도에서 이 부동산의 지목, 면적, 용도지역, 용도지구, 용도구역을 확인한다.

② 건물을 지을 수 있는 지목이라면 이 부동산이 있는 지역이 어느 용도지역에 속하는지 확인한다. 그리고 도시계획 조례를 찾아서 그 부동산의 건폐율과 용적률을 확인한다. 건폐율과 용적률을 확인하면 건물을 지을 수 있는 최대 건축면적, 즉 연면적을 알 수 있다.

③ 신축 건물을 짓거나 리모델링(보통은 증축)을 하려고 하면 용도지구, 용도구역까지도 지적도를 통해 규제를 살펴보아야 한다. 도로사선, 일조건, 정화조, 주차장 등 기타 다른 건축법은 어느 용도로 건물을 지을 것인지를 결정하고 추후 건축사나 공인중개사를 찾아가서 확인해 봐도 된다.

④ 지정된 용도지역에서 건축 할 수 있는 건축물은 '건축법 시행령 별표1'에서 확인한다. 건축물은 28가지 건축물 용도 안에 하나씩 포함되어 있는데, 만약 기존 건축물 용도를 변경하고자 하면 건축사를 찾아가 구청에 용도변경 신청을 하면 된다.

• 예시

서울시 강남구 역삼동 000-3 땅을 매입해서 건축물을 지으려고 한다.

1. 지역 : 1종 전용주거지역(토지이용규제정보서비스)

2. 지목 : 대(토지이용규제정보서비스)

3. 면적 : 458.6㎡(138.73평)(토지이용규제정보서비스)

4. 건폐율 : 50%(국토의 계획 및 이용에 관한 법률, 시행령, 조례)

5. 용적률 : 100%(국토의 계획 및 이용에 관한 법률, 시행령, 조례)

6. 연면적 : 458.6㎡(138.73평)(최대 지을 수 있는 공간규모 계산)

7. 건축할 수 있는 건축물

[별표 2] <개정 2014.1.14> 제1종전용주거지역안에서 건축할 수 있는 건축물(제71조제1항제1호관련)
 1. 건축할 수 있는 건축물
  가. 「건축법 시행령」 별표 1 제1호의 단독주택(다가구주택을 제외한다)
  나. 「건축법 시행령」 별표 1 제3호의 제1종 근린생활시설 중 동호 가목 내지 사목에 해당하는 것으로서 당해 용도에 쓰이는 바닥면적의 합계가 1천제곱미터 미만인 것
 2. 도시·군계획조례가 정하는 바에 의하여 건축할 수 있는 건축물
  가. 「건축법 시행령」 별표 1 제1호의 단독주택 중 다가구주택
  나. 「건축법 시행령」 별표 1 제2호의 공동주택 중 연립주택 및 다세대주택
  다. 「건축법 시행령」 별표 1 제3호의 제1종 근린생활시설 중 같은 호 아목, 자목 및 차목에 해당하는 것으로서 당해 용도에 쓰이는 바닥면적의 합계가 1천제곱미터 미만인 것
  라. 「건축법 시행령」 별표 1 제4호의 제2종 근린생활시설 중 종교집회장
  마. 「건축법 시행령」 별표 1 제5호의 문화 및 집회시설 중 같은 호 라목[박물관, 미술관, 체험관(「건축법 시행령」 제2조제16호에 따른 한옥으로 건축하는 것만 해당한다) 및 기념관에 한정한다]에 해당하는 것으로서 그 용도에 쓰이는 바닥면적의 합계가 1천제곱미터 미만인 것
  바. 「건축법 시행령」 별표 1 제6호의 종교시설에 해당하는 것으로서 그 용도에 쓰이는 바닥면적의 합계가 1천제곱미터 미만인 것
  사. 「건축법 시행령」 별표 1 제10호의 교육연구시설 중 유치원·초등학교·중학교 및 고등학교
  아. 「건축법 시행령」 별표 1 제11호의 노유자시설
  자. 「건축법 시행령」 별표 1 제20호의 자동차관련시설 중 주차장

02
공사종류별 선택 포인트

매매주택연출

모든 주택을 매매주택연출만으로 수익률을 올릴 수는 없다. 반드시 신축을 해야 할 만큼 건물골조 상태가 좋지 않다면, 연출을 해봐야 큰 의미가 없다. 이럴 때 대대적인 리모델링 작업을 거쳐야 한다.

Photo
매매주택연출보다 신축이 더 적합한 집이라면 리모델링 작업을 해야 한다.

인테리어

공간의 배치가 비교적 무난해서 구조변경을 굳이 하지 않는 경우에는 마감재만 교체하는 인테리어 공사만으로도 충분히 집의 가치를 높일 수 있다. 결국 인테리어냐, 리모델링이냐의 판단은 '구조변경의 유무'에 달려 있다. 적은 비용으로 하는 인테리어 작업 역시 중요한 것은 마감 재료보다 컬러다. 우리의 시각은 질감보다는 컬러를 먼저 인식하고 평가하기 때문이다. 질감의 좋고 나쁨은 마감 재료의 비용 상승으로 이어진다. 그렇지만 질감은 고급주택이나 인테리어 전문가가 고민하는 영역이다. 대부분의 사람들은 마감 재료의 질감에 대해서 잘 알지 못한다. 매도를 위한 공사를 한다면 결국 질감보다는 컬러에 중심을 두는 작업 쪽에 무게중심을 둬야 한다.

리모델링

① 대수선

시대별로 중요하게 생각하는 공간이 달라지고 있다. 중요하게 생각하는 공간은 결국 다른 공간에 비해 면적을 높여 평면배치한다. 시간이 흐를수록 안방-거실-주방-욕실 순으로 공간들이 커지고 있는데, 그에 맞게 공간배치를 새롭게 해야 한다. 그 작업이 바로 구조변경이다. 안방을 줄이고 거실을 키운다든지, 거실과 주방을 통합한다든지 하는 작업은 결국 기존 벽을 부분적으로 허물고 새롭게 벽을 세우는 일이 된다. 이런 작업을 건축용어로 대수선이라고 한다. 대수선 공사를 통해 예전의 공간을 최신의 평면구성으로 새롭게 개선하는 것이다. 이것은 오래된 주택을 새롭게 탈바꿈시키는 작업이다. 신축을 100으로 보았을 때 대수선 공사는 보통 50%선의 비용이 든다. 하지만 대수선 공사를 해서 신축건물만큼 새롭게 바꿀 수는 없다. 기존 골조가 그대로 살아있기 때문이다. 하지만 신축대비 80%선까지는 건물을 새롭게 만들어 낼 수 있다. 비용은 신축 대비 50%가 들었는데, 건물상태가 80%선까지 완성되었다면 30%만큼의 비용절감을 거둘 수 있다. 그 30%가 수익인 것이다. 대수선의 매력은 여기에 있다.

② 증축

경제가 성장하고 주거에 대한 관심이 늘어날수록 1인당 생활 면적이 점점 늘어나고 있다. 1인당 6평의 면적이면 충분한 생활공간이라고 생각한 적이 있었다. 그렇지만 지금은 최소 8평 이상은 되어야 최소한의 생활을 영위할 수 있다고 본다. 그래서 예전 작은 평수의 주택을 더 늘리는 작업을 하게 되는데 그것이 바로 증축이다. 기존 주택을 옆으로 늘리는 수평증축이 있고, 한 층 더 올리는 수직증축이 있다.

증축공사를 선택한다면 반드시 고려해야 할 점이 건축법규와 비용이다. 증축공사의 공사비용은 신축만큼 많이 소요된다는 점을 명심해야 한다. 그리고 수직증축의 경우 지붕의 형태에 따라 비용이 더 늘 수 있다. 건물의 노후화와 지붕의 형태에 따라 차라리 멸실하고 새롭게 신축하는 것이 더 좋은 선택이 될 수도 있다. 대체로 매도를 위해서 증축하는 것은 좋은 선택은 아니다.

③ 세대분리

시간이 지날수록 세대 당 가구원 수가 줄어들고 있다. 특히 1인가구와 2인가구의 수가 급격한 증가추세다. 그래서 큰 평수의 주택보다는 작은 평수의 원룸이나 투룸 형태의 주거를 선호하게 되었다. 임대수익을 올리고자 하는 다가구주택 건물주 입장에서는 자연히 세대분리를 고민하게 된다. 24평의 주택을 12평의 투룸 또는 8평의 원룸으로 바꾸어서 임대수익을 올리는 것이다. 그런 세대분리 작업이 매도가에도 좋은 영향을 준다. 임대수익 측면에서는 역시 세대병합보다는 세대분

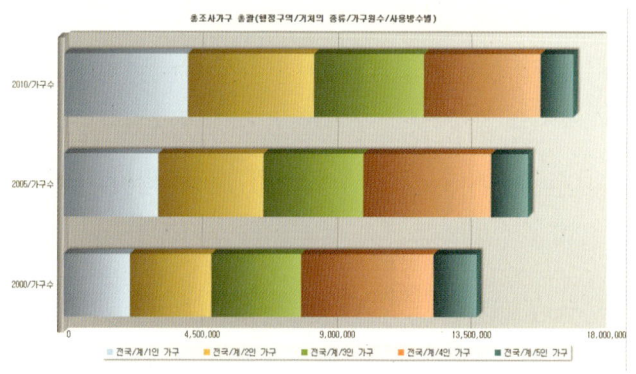

리가 수입이 높기 때문이다. 물론 임대수익이 높다면 주택 매도도 더 빨리, 더 좋은 가격에 이루어진다.

④ 신축

건물구조가 매우 열악한 상태인 경우에는 리모델링 비용이 신축비용만큼 들 수도 있다. 이런 경우에는 두 가지 선택 답안이 있다. 하나는 대지의 용도에 맞는 최적의 건물을 새롭게 짓고 매도하는 경우와 기존 건물을 멸실하고 나대지로 만든 후 매도하는 경우다. 특별히 상권이 좋은 위치가 아니고서는 대부분 멸실을 하고 나대지로 매도하는 경우가 더 빨리, 더 좋은 가격에 매매된다.

⑤ 용도변경

용도변경의 선택은 결국 주택의 위치와 관련이 있다. 상업공간으로서 위치적 우위에 있는 단독주택을 상가주택으로 용도변경 하는 것만으로도 매매 수익률이 수직상승한다. 실제로 일반 단독주택을 1층에 상가로 용도변경 한 이후 매도했더니 매도가격이 50% 이상 치솟은 경우도 있었다. 최근에는 기존 단독주택을 상가주택, 또는 사무실로 용도변경 하는 사례가 늘어나고 있다. 하지만 주거 이상의 용도로 밖에 사용 못하는 입지에 있는 단독주택인 경우에는 용도변경이 오히려 안 좋게 작용할 수도 있다.

03 공사종류별 평당 견적

공사종류	인테리어	리모델링	신축
평당 견적 (만원)	100	200	400

공사종류별 평당 견적은 공사범위, 지역, 현장, 골조에 따라 차이가 크지만 대략적인 공사가격을 이해하는데 도움이 되고자 대략적인 평균 견적을 명시했다. 내가 가진 예산으로 공사종류를 결정할 때 분명 도움이 될 것이다.(매매주택연출과 용도변경은 오차범위가 지나치게 클 것 같아서 명시하지 않았다.)

04

주택개선 투자대비 수익률

		군집1 합리적/자기중심 생활형	군집2 적극적 생활형	군집3 소극적 생활형
성별	남자	16(20)	22(37)	32(28)
	여자	65(80)	37(63)	84(72)
	계	81(100)	59(100)	116(100)
연령	20세 미만	—	—	—
	20~30세	8(10)	24(41)	15(13)
	30~40세	20(25)	15(25)	28(24)
	40~50세	39(48)	13(22)	57(49)
	50세 이상	14(17)	7(12)	16(14)
	계	81(100)	59(100)	116(100)
직업	전문직		28(47)	12(10)
	관리직		4(7)	5(4)
	사무직	3(10)	21(36)	9(8)
	자영업	8(20)	3(5)	27(23)
	서비스나 생산직	16(66)	1(2)	13(11)
	기타	54(4)	2(3)	50(44)
	계	81(100)	59(100)	116(100)
평균 소득	150만원 미만	10(12)	2(3)	23(20)
	150~200만 원	15(19)	5(8)	22(19)
	200~300만 원	22(27)	19(32)	34(29)
	300~400만 원	25(31)	20(35)	18(16)
	500만 원 이상	7(9)	13(22)	14(12)
	기타	2(2)	—	5(4)
	계	81(100)	59(100)	116(100)

위 표를 살펴보면 우선적으로 선호되는 공간이 있음을 알 수 있다. '거실 > 주방 > 부부침실 > 자녀방 > 기타'의 순서인데, 주택전체를 공사할 수 없는 상황이라면 위 도표에 나와 있는 공간을 중심으로 공사를 순차적으로 진행하는 것이 잠재 구매자에게 주택을 판매하기 유리하다는 의미다. 집 전체를 다 고치고 싶지만, 늘 비용이 문제이다.

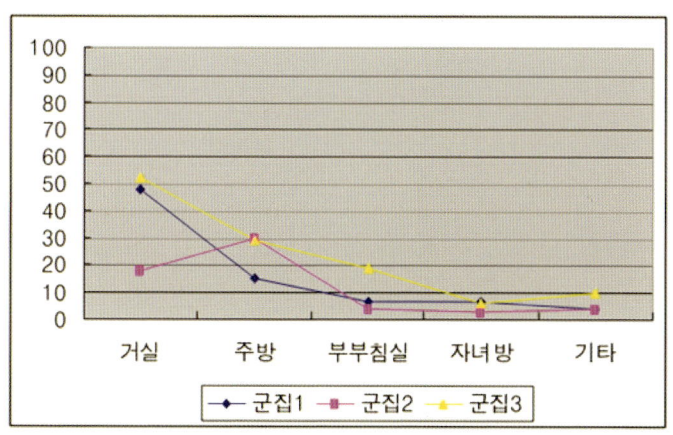

Photo

전수영, 「라이프스타일에 따른 공동주택 단위평면 구성방식에 관한 선호도 조사연구」, 경북대, 석사논문, 2006

개선 영역	비용	매매가 상승	평균 수익률	중개인 추천율
조명/밝기	$86–$110	$768–$935	769%	84%
홈스테이징	$212–1,089	$2,275–2,841	169%	76%
청소/잡동사니 정리	$305–$339	$2,093–$2,378	594%	91%
배관/전기	$338–$381	$922–$1,208	196%	63%
조경	$432–$506	$1,594–$1,839	266%	72%
주방, 욕실	$1,546–$2,120	$3,823–$4,885	138%	83%
바닥	$1,531–$1,714	$2,267–2,589	50%	62%
외부 도색	$2,188–$2,381	$2,907–$3,233	34%	57%
카펫 교체	$2,602–$2,765	$3,585–$3,900	39%	65%

* 2003년 HomeGain 조사(www.homegain.com)

앞 도표는 주택개선 투자대비 수익률을 알려 준다. 역시나 우리가 중점적으로 먼저 개선해야 할 영역이 무엇인지 수익률로 말해 주는 것이다. 도표에 나와 있는 수익률 상위 영역을 살펴보면 '조명/밝기 > 청소/잡동사니정리 > 조경 > 주방/욕실'의 순서인데, 역시나 주택전체를 바꿀 수 없는 상황이라면 위 도표에 나와 있는 영역들을 중심으로 공사를 순차적으로 진행하는 것이 잠정적인 소비자에게 주택을 판매하기 유리하다는 의미가 된다.

매매할 주택을 내 마음에 들게 만들려고 하면 끝이 없다. 집으로 투자대비 최대의 수익을 낼 수 있는 다양한 방법을 찾아내어 순차적으로 연출해보자.

PART 13

단독주택의 시대가 다가오고 있다

최근 도심 속 주택의 리모델링이 큰 인기를 얻고 있다. 서울 부암동, 연남동, 후암동은 물론 대구, 부산 등의 지역에서까지 20년 이상 된 단독주택 밀집지역의 구옥은 '없어서 못 산다'는 말이 나올 정도로 매물이 귀하다. 특히, 마당 있는 집의 경우는 '단독주택은 잘 안 팔린다'라는 기존의 말들을 무색하게 매물이 나오자마자 팔려나간다. 왜 단독주택이 나날이 인기를 얻는가?
대한민국은 지금 '단독주택의 시대를 맞이하고 있다' 왜 그럴까? 이번 장에서는 그 원인을 살펴보고 우리가 단독주택에 관심을 가져야 하는 이유를 찾아보고자 한다.

01 아파트의 전세가격 상승

아파트의 전세가격이 나날이 상승하고 있다. 대부분의 서민들은 이제 빚을 내 집을 구입하는 것이 아니라, 빚을 내어 전세금을 올려주고 있는 실정이다.

그렇다면 차라리 빚을 더 내어 아파트를 매입하는 것이 유리하지 않을까? 하지만 그럴 수는 없다. 왜냐하면 아파트 매매가격이 정체, 또는 하강국면에 접어들었다는 전문가들의 예측이 들어맞고 있기 때문이다.

02

아파트와 단독주택의 평균매매가와 전세가격 비교

	5월 ㎡당 평균매매가격 (단위:만원)				5월 ㎡당 평균전세가격 (단위:만원)			
	종합	아파트	단독	연립	종합	아파트	단독	연립
전국	956	1,086	567	815	618	738	255	511
수도권	1,240	1,372	988	933	777	902	429	574
5개 광역시	681	815	363	464	476	596	171	331
기타지방	537	680	266	367	367	489	130	265

위 도표를 살펴보면, 수도권에서는 아파트 전세가격으로 단독주택을 매입할 수 있고, 5개 광역시에서는 아파트 전세가격으로 단독주택을 매입하고 리모델링까지 할 수 있다. 일반적으로 단독주택 리모델링 평당 공사비가 200만 원선인 걸 감안하면 충분히 가능한 이야기다. 최근 유행하고 있는 리노하우스(단독주택 전면보수)는 이런 통계에 의해서 나왔다.

03

아파트와 단독주택의
최대 가격상승폭과 매매가격

아파트는 전체 수리를 해도 매매가격상승폭이 크지 않다. 최대 10% 선으로 본다. 매도가 1억 3,000만 원의 아파트는 최대 1억 4,300만 원 이상 매도하기 힘들다. 그래서 공사를 진행하더라도 최대 1,300만 원 이하로 해야 한다. 과도하게 공사비용을 투자하면 손해를 보기 십상이기 때문이다.

그러나 단독주택은 전체 수리를 하면 매매가격 상승폭이 매우 크다. 최대 50% 이상까지 상승할 수 있다. 매도가 1억 6,000만 원의 단독주택은 최대 2억 4,000만 원에 매도할 수 있다. 그래서 공사 비용을 최대 8,000만 원 이하 정도로 진행하면 수익을 거둘 수 있다. 물론 공사비용을 최대한 줄이는 방법을 모색해야 더 큰 수익이 남는 건 당연하다.

• 참고

단독주택 마당과 수익률을 살펴보면 수익률 측면에서는 마당이 넓은 주택을 매입해서 리모델링하는 것이 유리하다.

예를 들어,
A. 50평의 대지에 25평의 건물이 있는 물건
B. 100평의 대지에 25평의 건물이 있는 물건
의 두 개의 물건이 있다.

A와 B의 리모델링 비용은 비슷하다. 왜냐하면 A, B 둘 다 건물의 크기는 같고 마당의 크기만 다른데, 마당의 공사비용은 생각보다 많이 소요되지 않기 때문이다. 그런데 만약 리모델링을 마치고 매매 평당가격이 100만 원 상승했다면, 비슷한 공사비용으로 A는 5,000만 원 매매가격이 올랐고, B는 1억 원 오른 것이다.

사실 마당은 이런 단순히 수익률로만 따질 수는 없다. 마당이 있다는 것은 단독주택을 구매하고자 하는 잠재 소비자의 가장 큰 이유다. 또한 마당은 상가주택으로 용도변경해서 음식점과 같은 영업을 한다면 주차장이 될 수도 있고, 봄여름가을에는 외부 가든이 될 수도 있다. 반대로 주택 임대수익만을 생각한다면, 될수록 마당을 줄이고 건물 연면적을 최대한 수평·수직으로 확보하는 것이 좋다.

04

단독주택의 매매가격 상승

단독주택은 2005년 이후 매매가격이 꾸준히 상승하고 있다.

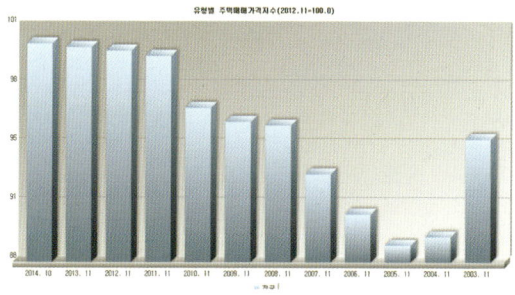

실제 부동산시장에서 단독주택의 가격상승 폭은 통계청의 수치보다 훨씬 높다. 왜 이런 현상이 일어날까?

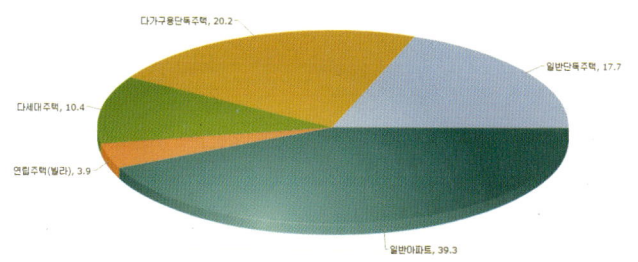

첫째, 그동안 주거의 유형이 많이 바뀌었다. 시간이 지날수록 단독주택의 수는 점점 줄어들고, 아파트 같은 다세대주택이 늘어나고 있다. 아파트를 많이 지은 것은 정부입장에서는 주택보급률을 높이고 주거환경을 개선하기 위해서 어쩔 수 없는 선택이었다. 이미 노후화한 단독주택 대신 새로 지은 깨끗하고 편리한 아파트로 이사 가고자 하는 사람들의 욕망은 당연한 선택이었다. 그런데 지나치게 공동주택 위주로 주거환경을 개선하다보니, 단독주택의 수가 점점 줄어들게 되었다. 품귀현상이 일어난 것이다. 여전히 단독주택을 선호하는 사람들에게 더 이상 부동산매물이 없다. 수요는 그대로인데 공급이 줄어든 것이다.

둘째, 아파트로 수입을 올리는 시대가 지났다. 얼마 전까지만 해도 아파트는 사두기만 해도 무조건 가격이 오르는 매물이었다. 부동산에 조금이라도 관심 있는 사람이라면 여윳돈으로 땅을 사는 것이 아니라, 아파트를 사두었다. 부동산 매물 중에 수익률이 가장 좋았던 것이다. 하지만 아파트의 매매가격은 정체, 또는 하강국면에 있어서 아파트를 더 이상 부동산투자 매물로 보지 않는다. 이제는 실수요자들 중심으로 바뀌고 있는 것이다.

셋째, 핵가족화와 주5일근무제로 가족중심의 사회로 바뀌고 있다. 과거 가장들은 직장과 일 중심으로 모든 삶의 패턴을 조정했다면, 지금은 가족중심으로 가족과 함께 보내는 여가시간을 중시하는 경향을 보이고 있다. 한마디로, 가족과 함께 집에 있는 시간이 많아졌다는 것이다. 그래서 답답한 아파트보다는 다양한 여유 공간이 있는 단독주택으로 조금씩 눈을 돌리고 있는 추세다. 또한 층간소음과 아이들의 아토피 문제를 피할 수 있는 대체공간으로 단독주택이 부상하고 있다.

넷째, 건축기술이 발달했다. 흔히 단독주택은 누수가 있고, 여름에는 덥고 겨울에는 춥다는 인식이 강했다. 그렇지만 최근의 단독주택은 방수, 단열, 창호 기술 등의 발달로 아파트 이상의 좋은 환경을 만들어낸다. 아파트에 입주 할 돈이 없어서 단독주택을 선택하는 시대는 지났다.

다섯째, 단독주택은 공동주택보다 변형이 자유롭다. 용도변경, 증축, 대수선, 신축 등으로 자유롭게 바꿀 수 있다. 또한 단독주택은 땅의 가치와 건물의 가치가 공존한다. 특별히 단독주택에는 마당이라는 공간이 있다. 이에 비해 아파트는 거의 건물의 가치만 존재할 뿐이다.

단독주택은 여러 가지 이유로 날로 인기가 높아지고 있다. 단독주택은 많은 장점을 가지고 있고, 그 장점들이 단점들에 비해 점점 더 부각되고 있는 것이다. 그리고 기본적으로 단독주택이 가지고 있는 한계점들도 기술과 시스템으로 더욱 보완되고 있다. 더 중요한 것은 지속적인 가격상승도 한몫하고 있다는 점이다. 단독주택의 시대는 다시 오고 있다.

감사의 글

건축과 부동산은 떼려야 뗄 수 없는 관계이다. 특별히 단독주택은 아파트나 상가빌딩과는 달리 소규모로 이루어지는 일이라, 전문성 없이 진행하는 경우가 많다 보니 건축주로서는 여러 가지 어려움에 부딪히기도 한다. 이런 일들을 미연에 방지하기 위해 테라디자인에서는 단독주택의 매입, 설계, 시공, 매도에 관련한 다양한 정보들을 지속적으로 소개하고 컨설팅을 해왔다. 이 책은 특별히 부동산 매도와 매입에 관한 이야기를 집중적으로 다루었다. 집필을 오랜 시간 함께 고민해 온 테라식구 이창배 팀장, 천은정 실장, 전정미 소장에게 우선 고마움을 전한다.

졸업 후 제대로 인사드린 적은 없지만, 건축학과 학부시절 나를 단독주택의 매력에 푹 빠지게 한 부경대 건축학과 신용재 교수님께 고마움을 전한다. 또한 건축실무에 이론적 완성도를 높여준 홍익대 건축도시대학원 강철희 교수님, 윤주선 교수님, 장태일 교수님, 강재준 교수님께도 더불어 감사함을 전한다.

늘 바쁜 남편을 이해해 주는 아내 이인아와 멋진 아들 신희, 예쁜 딸

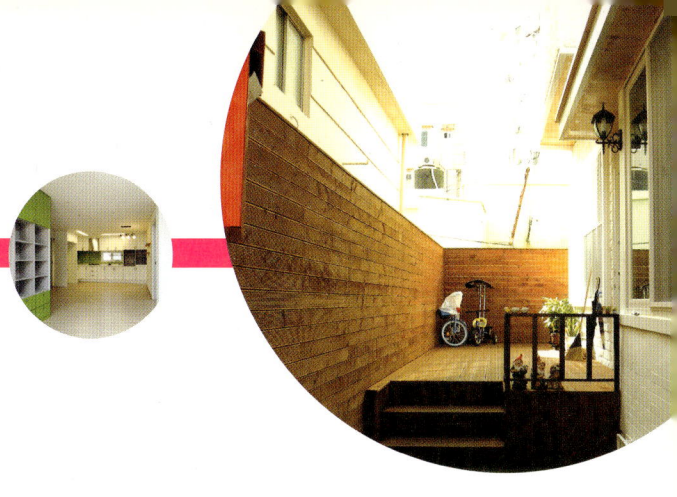

지희에게도 사랑과 감사의 말을 전하고 싶다.

언제나 편하게 술 한 잔 기울일 수 있는 라의눈 출판사 설응도 대표님과 부족한 글 솜씨를 숨기고 보완하느라 고생한 최현숙 팀장에게도 감사 인사를 전한다.

시간이 지날수록 혼자 할 수 있는 일이 없음을 뼈저리게 느낀다. 함께 인연을 맺고 삶을 살아가는 모든 분들께 마음 깊은 곳으로부터 감사 인사를 전한다.

◇ 당신은 언제나 옳습니다. 그대의 삶을 응원합니다. — 라의눈 출판그룹

팔리는 집은 따로 있다

초판 1쇄 | 2015년 2월 27일

지은이 | 이종민·이창배·천은정·전정미
발행인 | 설응도
발행처 | 라의눈

출판등록 | 2014년 1월 13일(제2014-000011호)
주소 | 서울시 서초구 서초중앙로29길 26(반포동) 낙강빌딩 2층
전화번호 | 02-466-1283
팩스번호 | 02-466-1301
e-mail | eyeofrabooks@gmail.com

이 책의 저작권은 저자와 출판사에 있습니다.
서면에 의한 저자와 출판사의 허락 없이 책의 전부 또는 일부 내용을 사용할 수 없습니다.

ISBN : 979-11-86039-17-5 13320

＊잘못 만들어진 책은 구입처나 본사에서 교환해 드립니다.
＊책값은 뒤표지에 있습니다.
＊라의눈에서는 독자 여러분의 소중한 아이디어와 원고 투고를 기다리고 있습니다.